Carl-Auer
Fachbücher für jede:n

»Küsse gab er, wie oft! vergebens der trügenden Quelle,
tauchte die Arme, wie oft! den erschauten Hals zu umschlingen,
mitten hinein in die Flut und kann sich in dieser nicht greifen,
weiß nicht, was er da schaut, doch was er schaut, daran brennt er.«

Ovid über die Nöte von Narziss

Klaus Eidenschink

ES GIBT KEINE NARZISSTEN! NUR MENSCHEN IN NARZISSTISCHEN NÖTEN

EINE HANDREICHUNG FÜR ALLE UND JEDE(N)

Mit einem Vorwort von Bärbel Wardetzki

Dritte Auflage, 2026

Reihe »Fachbücher für jede:n«
Reihengestaltung und Satz: Nicola Graf, Freinsheim, www.nicola-graf.com
Umschlaggestaltung: B. Charlotte Ulrich
Umschlagfoto: © Image(s) licensed by Ingram Image/adpic
Redaktion: Nicola Offermanns
Printed in Germany
Druck und Bindung: CPI books GmbH, Leck

MIX
Papier | Fördert gute Waldnutzung
FSC® C083411

Dritte Auflage, 2026
ISBN 978-3-8497-0534-3 (Printausgabe)
ISBN 978-3-8497-8483-6 (ePUB)

Bibliografische Information der Deutschen Nationalbibliothek:
Die Deutsche Nationalbibliothek verzeichnet diese Publikation in der Deutschen Nationalbibliografie; detaillierte bibliografische Daten sind im Internet über http://dnb.d-nb.de abrufbar.

Informationen zu unserem gesamten Programm, unseren Autoren und zum Verlag finden Sie unter: **www.carl-auer.de**.
Dort können Sie auch unseren Newsletter abonnieren.

Carl-Auer Verlag GmbH
Vangerowstraße 14 · 69115 Heidelberg
Tel. +49 6221 6438-0 · Fax +49 6221 6438-22
info@carl-auer.de

INHALT

Zum Geleit

Narzissmus ist das Zauberwort unserer heutigen Zeit, mit dem wir alles Unangenehme, das uns durch andere Menschen widerfährt, scheinbar objektiv erklären können.

Doch statt Menschen die Diagnose »Narzisst« oder »Narzissmus« aufzudrücken, spricht Klaus Eidenschink von *»Menschen in narzisstischen Nöten«*. Das mag auf den ersten Blick für viele, die durch die destruktiven narzisstischen Manöver von Partnern, Eltern oder Chefs und Kollegen selbst in Not geraten, irritierend wirken. Diese Tatsache wird nicht geleugnet, zeigt sie doch umso mehr, wie viel seelisches Leid mit dem Phänomen Narzissmus auf beiden Seiten verbunden ist.

Klaus Eidenschink vermeidet eine Opfer-Täter-Polarisierung, bei der die narzisstischen Menschen die Bösen und die anderen die Guten sind. Das ist ein großes Verdienst dieses Buches, weil Narzissmus besonders in sozialen Netzwerken vielfach in diesem Sinne diskutiert wird, nach dem Motto: »Ich bin Opfer eines Narzissten bzw. einer Narzisstin.« Damit überträgt man zum einen alle Verantwortung diesem Menschen, zum anderen beinhaltet dies eine Verurteilung, hilft jedoch keinem von beiden weiter und ändert nichts am erlittenen Schmerz.

Was bedeuten nun narzisstische Nöte? *»Die Not besteht darin, dass man wenig bis keine innere Orientierung hat.* Man *spürt* nicht, was man will, sondern man spürt, *was man denkt*, dass man es spüren sollte«, beschreibt es Klaus Eidenschink. *»Bei narzisstischer Not geht es also paradoxerweise nie um eigene Wünsche, sondern um Zielsetzungen, die die Gewähr bieten, dass man bedeutsam ist oder die Kontrolle hat.«*

Aus narzisstischen Nöten entspringen destruktive Beziehungsmuster, da der Fokus nicht auf der Bindung zum anderen Menschen liegt, sondern darauf, einem Ideal zu entsprechen, um gut anzukommen und einer Vorstellung von sich selbst zu entsprechen. Das Ziel sind immerwährende Anerkennung und Applaus, ohne die die narzisstische Seele nicht leben kann.

Die Entfremdung von sich selbst und vom Gegenüber, die eine Folge der narzisstischen Entwicklung ist, beschreibt Klaus Eidenschink exemplarisch anhand eines Klienten, der aufgrund von psychogenen Herzbeschwerden in seine Praxis kommt: *»Der Mann orientiert sich nicht daran, ob er das Gefühl hat, er sei bei mir gut aufgehoben, sondern an einem entfremdeten Kriterium, zu dem besten Coach zu kommen. Er sucht nicht die Verbindung zu mir, er erzählt nichts von sich persönlich, nichts von seinen Ängsten. Er selbst kommt in meinem Praxisraum im Grunde nicht vor.«* Und das, obwohl er sehr fordernd und kontrollierend auftritt.

Narzissmus hat in diesem Sinne eine Schutzfunktion, indem der Mensch ein Bild von sich bedient, hinter dem der emotionale Teil verborgen bleibt. Gefühle und Bedürfnisse zu zeigen ist gefährlich, wenn man gelernt hat, dass sie unerwünscht sind. Die Anpassung an das, was von einem erwartet wird, wird zum Leitbild für die Erwartungen an sich selbst.

Klaus Eidenschink nennt es Fassadenkompetenz: die Fähigkeit, so zu werden, wie die frühen Bezugspersonen einen haben wollten. Auch sie handelten vermutlich aus narzisstischen Nöten heraus und suchten im Kind die Stabilisierung ihres eigenen Selbst.

Dennoch ist Narzissmus kein unabänderliches Schicksal, jeder hat die Möglichkeit, sich Hilfe und Unterstützung zu suchen. Und gleichzeitig ist *»keiner verpflichtet, Menschen attraktiv zu finden, die einem nicht guttun«*.

Der Untertitel des Buches lautet: *Eine Handreichung für alle und jede(n)*. Das bedeutet einerseits eine Empfehlung für den Umgang mit Menschen in narzisstischen Nöten. Auf der anderen Seite reicht Klaus Eidenschink den Lesern die Hand, seien sie selbst oder Angehörige in narzisstischen Nöten. Eine unterstützende Geste, frei von Entwertung und Verurteilung, die jede(r) Leser(in) für sich selbst entwickeln möge. Denn nur in einem wertschätzenden Klima, äußerlich wie innerlich, gelingen der Zugang zu sich selbst und die Überwindung narzisstischer Nöte.

Dieses Buch ist ein großer Gewinn für alle, die mit dem Thema Narzissmus in Berührung kommen, sei es im Rahmen von Psychotherapie und Coaching, im privaten Bereich oder auf der Arbeitsebene.

Dr. Bärbel Wardetzki
München, im Juli 2023

Zur Einstimmung: Narzissmus fällt nicht vom Himmel

»Alles, was wahr ist, ist schmerzlich.«
Byung-Chul Han

Lassen Sie mich das Buch mit einer kleinen, alten persischen Geschichte beginnen.

> Nasredin, der Weise, ging eines Tages über den Acker und fand in den Furchen die Scherbe eines Spiegels. Verwundert hob er sie auf und schaute eine Zeitlang in das Bruchstück hinein. Schließlich warf er sie kopfschüttelnd in hohem Bogen mit der Bemerkung weg: »Kein Wunder, dass die Menschen so etwas Hässliches wegwerfen!«

Spiegel kann man wegwerfen. Was aber machen kleine Kinder, die verfälschend bzw. falsch von wichtigen anderen Menschen gespiegelt werden?

Das Thema des Buches – narzisstische Not – handelt von den Überlebensstrategien, wenn man – oft von Geburt an – mit Zerrspiegeln zurechtkommen muss. Niemand kann ohne soziale Resonanz, Bindung, Bestätigung und Förderung leben. Wir Menschen sind soziale Wesen und finden am Gegenüber unser Eigenes. Die Psyche ist allerdings nicht »fälschungssicher«. Durch einseitiges, falsches, manipulierendes oder auch fehlendes Spiegeln lassen sich Kinder verformen, verdrehen, verkrümmen und verzerren – ganz ohne Gewalt und in guter Absicht. Wer Eltern hatte, die das Beste für das Kind wollten, aber dabei das Kind aus den Augen verloren haben, wird sich ebenfalls an die »beste Version seiner selbst« verlieren.

Das Schlimme an narzisstischen Seelenmustern ist: Weder die Betroffenen noch das Umfeld merken, dass etwas schiefläuft. Menschen in narzisstischen Nöten spüren ihre eigene Not meist nicht direkt, sondern exportieren ihr Leid: Man leidet nicht, man lässt (andere) leiden.

Dabei könnte man es bewenden lassen und die Sache den Ärzten und Therapeuten[1] überlassen. Doch die Sachlage ist sehr viel um-

1 Die deutsche Sprache stellt derzeit keine Formen zur Verfügung, in denen sich alle Identitäten – Männer, Frauen, Diverse – in gleichem Maß leicht wiederfinden können. Daher bitte ich alle Menschen, die den Text lesen, sich gemeint zu fühlen und sich in allen gewählten Bezeichnungen selbst zu erkennen.

fassender: Ohne es zu wollen oder zu merken, tragen wir fast alle in dieser Gesellschaft auf die eine oder andere Weise dazu bei, dass narzisstisches Leid entsteht. Menschen, die in diesem Muster gefangen sind, werden auf vielfältige Weise in Kindergärten, Schulen, Universitäten, Partnerschaften, Medien und Arbeitsumgebungen in ihrer Not stabilisiert und bestätigt. Es wird alles Mögliche getan, nur nicht geholfen. Das hat Gründe, denen ich in diesem Buch aus psychologischer Perspektive nachgehen werde.

Ich möchte Sie dafür sensibilisieren, dass wir mehr oder weniger alle gefährdet sind, narzisstische Nöte bei uns oder anderen Menschen zu erzeugen und zu begünstigen. Weil viele unter narzisstischen Verhaltensweisen leiden, ist es besonders wichtig, Wissen zu erwerben, wie jeder selbst zum fremden wie zum eigenen Leid beiträgt. Am Ende des Buches werden Sie Wege kennen, günstig mit dem Phänomen »Narzissmus« umzugehen: bei sich selbst oder im Umgang mit anderen – egal, ob im privaten, im familiären, im beruflichen und in größeren sozialen Umfeldern.

Ein weiterer Anlass, das Buch zu schreiben, war, dass es aus meiner Sicht keine *Narzissten* gibt, nur Menschen *in narzisstischen Nöten*. Spricht man von Narzissmus oder Narzissten, dann vollzieht man leicht Etikettierungen, zumindest kann es so verstanden werden. Zudem ist die Bezeichnung inzwischen zum Mode- oder gar Schimpfwort geworden. Den psychologischen Begriff verwenden wir allgemein, um alle möglichen Verhaltensweisen von Menschen – wie Egozentrik, Selbstverliebtheit, zur Schau gestelltes Selbstbewusstsein, Ansprüchlichkeit, Überheblichkeit oder ausbeuterisches Verhalten – zu markieren und meist negativ zu bewerten. Das ist fast komisch, in jedem Fall aber widersprüchlich, weil die gleichen Haltungen und Verhaltensweisen in einer wettbewerbs- und konkurrenzorientierten Gesellschaft schon in unseren Schulen antrainiert werden.

Es hat sich (auch in Teilen der Psychologie) eingebürgert, zwischen gesundem und pathologischem Narzissmus zu unterscheiden.[2] Das ist aus meiner Sicht nicht nur verwirrend, sondern auch

2 So findet sich z.B. in dem Buch von Rainer Sachse und Kollegen eine drei Seiten lange Liste von »Merkmalen« für Narzissmus, die allesamt wissenschaftlich-empirisch belegt sind. Deren Verständnis ist durchweg »dimensional«. Das heißt, auf der einen Seite der Polarität ist der narzisstische »Stil«, auf der anderen findet man die narzisstische »Störung«. Wo und wie der »Übergang« vom einen zum anderen erfolgt, ist allerdings vollkommen ungeklärt (Sachse, Sachse u. Fasbender 2011, S. 15–18).

denkerisch sehr ungünstig. Denn: Wie merkt man, ob das eine oder das andere vorliegt? Sollten wir alle »ein wenig« narzisstisch sein?[3] Wie »viel« Narzissmus wäre verträglich, ab wann wäre er ungesund? Ein solches Konzept führt meist dazu, dass alle die gesunde Variante für sich beanspruchen und die kranke den anderen zuschreiben.[4] Das wirkt befremdlich und wenig überzeugend.

Günstiger für ein Verständnis und einen guten Umgang mit narzisstischen Phänomenen ist es, dass man die *Funktionen* in den Blick nimmt, die ein Verhalten oder ein Erleben für die betreffende Person hat. Dann kann man zwischen *Selbstachtung* und *narzisstischem Muster* unterscheiden und schließlich feststellen: Beide haben fast gar nichts miteinander zu tun. Das eine ist ein *Bedürfnis*, das andere weist auf eine *Not* hin.[5]

Nehmen wir ein einfaches Beispiel: Eine Person tut sich in einer Gruppe hervor und erzählt von ihrem Prädikatsexamen. Wenn dies nun ihrem Bedürfnis nach Einzigartigkeit dient, dann zeigt sie sich lebendig und frei mit ihrem Stolz und bekommt dafür Anerkennung. Steht das Erzählen für die Abwehr einer narzisstischen Not, dann ist sie innerlich unbewusst von Selbstzweifeln erfüllt, prahlt, um diese nicht wahrzunehmen, und möchte die andern neidisch machen, um so das Gefühl zu haben, sie habe etwas gut gemacht. Prinzipiell kann also ein Verhalten einem Bedürfnis ebenso nützlich sein wie der Vermeidung von unangenehmen Gefühlen. Beides ist möglich. Darum ist es so wichtig, nicht alles in einen Topf mit dem Namen »Narzissmus« zu werfen.

So versuche ich in diesem Buch, allgemeinverständlich und mit vielen Beispielen etwas Schiefes geradezurücken. Der Psychotherapeut Frank-M. Staemmler hat vor Jahren den Satz geprägt, dass Etiketten sich für Flaschen eignen und nicht für Menschen.[6] Bei dieser Einsicht setzt das Buch an. Spricht man von Menschen in narzisstischen Nöten, ist damit nicht geleugnet, dass solche Nöte dazu führen können, dass wiederum andere Menschen in Not geraten.

---

3 So z.B. Haller 2017, S. 69.
4 Siehe als Beispiel für viele Hagemeyer 2020.
5 Diese Not steht nur insoweit im Zusammenhang mit Selbstachtung, als dass sie dazu führt, dass Selbstachtung auf der Basis von narzisstischen Mustern unerreichbar wird. Es bleibt nur der schale Ersatz der Selbstgefälligkeit und der Abwertung anderer Menschen. So gesehen ist es kein (!) Widerspruch, wenn man bei narzisstisch leidenden Menschen Selbstbewusstsein glaubt feststellen zu können (s. dazu Back 2023).
6 Vgl. Staemmler 1989; ähnlich prägnant und klar: André Green, *Der Narzissmus ist ein Begriff, keine Realität* (2018, S. 25).

Narzisstisch leidende Menschen neigen dazu, andere auszubeuten, zu demütigen, zu beschämen oder zu missbrauchen. Wenn man solche Folgen beklagt, hilft es nicht, moralisierend den Vorwurf »Narzisst(in)!« ins Feld zu führen. Beschämung heilt man nicht durch Gegenbeschämung. Wer an der Verbesserung der Verhältnisse interessiert ist, muss die Nöte verstehen, die zu narzisstischen Verhaltensweisen führen.

Das ist der Dreh- und Angelpunkt dieses Buches. Irgendwoher muss dieser »Narzissmus« ja kommen. Er regnet nicht vom Himmel in die Köpfe der Betroffenen. Es ist auch keine bewusste, willentliche Entscheidung, »narzisstisch« zu sein. Daher kann man »Narzissmus« auch nicht einfach abstellen oder abschaffen. Man muss stattdessen wissen, wie man ihn erkennt und erzeugt!

Bei dem, was ich dazu schreiben werde, gehe ich davon aus, dass fast alle Menschen in irgendeiner Weise – bewusst oder unbewusst – zum Phänomen »narzisstische Nöte« einen Beitrag leisten:

- als Eltern, wie sie ihre Kinder erziehen
- als Eltern, wie sie ihre Ansprüche an das betreuende Personal wie Kindergärtnerinnen und Lehrer richten
- als Jugendliche, wie sie sich auf Instagram & Co. präsentieren und posen
- als junge Erwachsene, wie sie erotische Konkurrenz leben
- als Erwachsene, wie sie feste Partnerschaften gestalten
- als Organisationsmitglieder, wie sie mit Vorgesetzten, Kollegen, Mitarbeitern umgehen und Arbeitsbedingungen gestalten
- als Social-Media-Teilnehmer, wie sie ihre Likes verteilen und welchen Stil der Kommentierungen sie wählen
- als Staatsbürger, wie sie über Politik und Politiker reden
- als Politiker, wie sie sich in Szene setzen und einander behandeln oder
- als narzisstisch Leidende(r) bei der Frage, ob man sich helfen lässt oder sich lieber dafür entscheidet, andere für sich leiden zu lassen.

Jede und jeder kann in allen diesen Rollen dazu beitragen, dass narzisstische Not zunimmt oder weniger wird. So ist dies ein Buch für alle und jede(n).

Dies hat zunächst nichts damit zu tun, ob man selbst narzisstisches Leid in sich trägt. Es hängt viel eher davon ab, ob man selbst sich bestimmter Atmosphären bewusst ist, ob man merkt, welchen Idealen man anhängt, welche Folgen es zeitigen kann, wenn man bestimmte Erwartungen an das Leben hat und an das, was es einem bieten soll.

Ich möchte Sie dazu ermutigen, sich liebevoll mit eigenen ungünstigen Idealen auseinanderzusetzen. Denn jede Verminderung von narzisstischem Leiden beginnt mit der Erkenntnis, dass man selbst anders sein möchte, als man ist.

Die Tragik von narzisstischer Not ist nämlich genau diese: Man meint, man selbst, die anderen und die Welt müssten in Summe so sein, wie man es sich *wünscht.* Narzisstische Not entsteht immer dann, wenn Menschen sich oder andere nicht sehen können, wie sie *sind.* Das geschieht dann, wenn man innerlich davon *abhängig* ist, bestimmten Vorstellungen zu entsprechen. Narzissmus ist *kein* Selbstwertmangel, sondern eine Bezeichnung für eine innere Leere und den Versuch, diese Leere durch ein *Konzept von sich und dem Leben* zu übertünchen.[7] Narzissmus zeigt sich insbesondere auch in der leiderzeugenden und grandiosen Idee, dass man sich und die Welt »designen« kann. Leben wird zum Produkt.

Individuelle Überlebensstrategien funktionieren nur, wenn sie sich hinreichend an ein bestehendes soziales Miteinander koppeln. Jede Zeit, jeder Ort, jedes Leben muss mit den jeweils eigenen Zumutungen zurechtkommen. Ob Armut und Pest im Mittelalter, ob Ausbeutung und Fließbandarbeit im 19. Jahrhundert, ob Gewalt und Krieg, Krankheit und Verlust, Überfluss und Zerstörung oder Klima und Dreck: Niemand kann sich aussuchen, womit er fertigwerden muss. Weil Frauen beispielsweise ihre Sexualität nicht mehr unterdrücken müssen, sind »hysterische Störungen« fast ausgestorben, die im bigotten Wien zur Zeit Freuds bei Frauen noch gang und gäbe waren.[8] Ebenso sind bestimmte Formen der Depression, die mit

7 In der Psychotherapie nennt man dies »narzisstische Persönlichkeitsstörung« (s. dazu ausführlich etwa Kernberg 2006; Kohut 1976; Lammers 2015; Sachse, Sachse u. Fasbender 2011).

8 Vgl. Glaser 1976.

Gehorsamsorientierung einhergehen, stark zurückgegangen. Den Typus »Untertan« wie im Roman von Heinrich Mann gibt es kaum noch.[9]

Dafür haben in unserer gegenwärtigen Welt die narzisstischen Formen von Leid Karriere gemacht. Sie sind seelische Reaktionen auf den Individualismuszwang, auf den Verlust von allgemein akzeptierten Lebenskonzepten und auf die Möglichkeit für fast alle, selbst die medialen Bühnen zu bespielen (TikTok, Instagram, Facebook u. a.). Der Druck, sich perfekt, makellos, schön und erfolgreich zu präsentieren, ist massiv. Das wirkt sich zwangsläufig auf die Kompetenzen aus, die nötig sind, um in dieser Welt zurechtzukommen, ohne sich ihren problematischen Zügen anzupassen.

Fehlt uns das Verständnis, wie individuelle und soziale Nöte einander bedingen, werden wir für die Gegenwart blind und sind der Zukunft ausgeliefert. Da die Möglichkeiten, sich zu präsentieren, zu modellieren und zu verbessern, in Zukunft immer zahlreicher werden – künstliche Intelligenz lässt grüßen! –, wird die Notwendigkeit noch wichtiger werden, narzisstische Muster bei sich und anderen zu erkennen.

Wenn narzisstische Not *erzeugt* wird, dann könnte man dies grundsätzlich auch bleiben lassen. Um wählen zu können, ob man solches Leid bei sich und anderen fördern oder lindern will, muss man wissen, ob und wie man sich an seiner Erzeugung bislang unbemerkt bzw. unbewusst beteiligt hat. Auf dieser Basis kann man überlegen, ob man das aufrechterhalten will. Dem Ziel, solches Wissen zu vermitteln und entsprechende Entscheidungen zu ermöglichen, dient dieses Buch.

---

9 Vgl. Mann 2021.

1 WIE ENTSTEHT NARZISSTISCHE NOT?

Ich erwarte einen Psychotherapieklienten zum Ersttermin. Rechtsanwalt. Laut Aussagen des Kardiologen, der ihn schickt, ist er erfolgreich, reich und unglücklich. Äußerer Grund sind wiederkehrende Herzbeschwerden, für die sich keine körperlichen Ursachen finden lassen. Er kommt zur Tür herein: »Hallo! Ich hoffe, Sie haben hier Kaffee.« – »Guten Morgen, Herr Müller. Kommen Sie doch erst mal rein und legen Sie ab! Wollen Sie schon mal vorgehen und Platz nehmen? Dann bringe ich Ihnen den Kaffee mit.« – »Ja, aber nur mit laktosefreier Milch!« – »Oh, das tut mir leid, das kann ich Ihnen leider nicht anbieten.« – »Das geht ja schon mal gut los hier. Dann halt schwarz.« – – – »Was führt Sie zu mir?« – »Mein Arzt sagte, Sie seien der Beste. Ich geh nur zu den Besten. Außerdem bin ich ein schwieriger Fall. Selbst der Professor ist mit seinem Latein am Ende. Aber mir muss schnell geholfen werden. Meine Mandanten erwarten meinen vollen Einsatz. Da muss ich fit sein.«

In mir macht sich Antipathie breit und der Wunsch, ihn schnell loszuwerden. Keine zwei Minuten hat er gebraucht, um ein solches Gefühl bei mir zu hervorzurufen[10] – erstaunlich schnell und gekonnt.

10 Selbstverständlich kann man darauf auch ganz anders reagieren!

Wie schafft jemand so etwas? Er verhält sich egozentrisch, anspruchlich, arrogant, ausbeuterisch, eigenbrötlerisch und selbstsüchtig. Will er das? Merkt er es? Kann er die Wirkung erfassen? Wie lässt es sich erklären, dass ein Mensch so auftritt und wirkt?

Aus psychologischer Sicht lässt es sich so verstehen: Er wurde so, weil er in seinem bisherigen Leben keinen anderen Weg gefunden hat, ein irgendwann mal erlebtes Leid anders als auf diese Weise zu verarbeiten. Das Muster seiner *Notbewältigung* aus frühen Tagen – ich muss mich so organisieren, dass ich niemanden brauche – ist hyperstabil. Er benimmt sich immer noch so, wie er als Kind gelernt hat, seelisch zu überleben, obwohl er schon längst nicht mehr in der Ursprungsfamilie lebt, in der er großgeworden ist. *Seine Vergangenheit ist nicht vergangen, sondern permanente Gegenwart.* Die Software seiner Kindheit bestimmt das Leben als Erwachsener.

Wir Menschen sind seelische Überlebenskünstler. Das müssen wir auch sein, weil viele von uns unter ungünstigen Bedingungen großwerden, manchmal, ohne es zu merken. Wer in ungünstigen Umständen überlebt, bildet allerdings nicht unbedingt die Fähigkeiten aus, die es zu einem guten Leben braucht.

Überleben garantiert die Kunst im Umgang mit Unglück, aber nicht die Offenheit für Glück.

In diesem Buch geht es um die Form von *seelischem Überleben*, die man als Narzissmus bezeichnet. Deshalb wird es hilfreich sein, wenn ich Ihnen zunächst beschreibe, um welche Not es denn geht. Was erleben Kinder und bearbeiten es in der Folge so, dass dabei narzisstische Erlebens- und Verhaltensweisen herauskommen?

Der erste und besonders bittere Punkt ist, dass die Bedingungen, unter denen narzisstisches Leid gedeiht, so unscheinbar sind. Narzissmusfördernde Bedingungen sind deshalb in *besonderem Maße* schrecklich, weil sie dem ungeschulten Auge nicht als schrecklich auffallen. Wer seinem Kind eine Form von Beziehung zumutet, die es in narzisstische Nöte bringt, merkt das in der Regel nicht. Auch das Umfeld merkt es oft nicht. Ebenso wenig nehmen es die betroffenen Kinder unmittelbar als schlimm wahr. Das wäre anders, wenn die Kinder geschlagen würden oder andere Formen von Gewalt und

Vernachlässigung zu sehen wären. Dann käme das Jugendamt. Aber nicht bei narzisstischer Erziehung! Das erzeugte Leid ist mit dem von körperlichen Gewalterfahrungen allerdings durchaus vergleichbar. Die blauen Flecke der Seele aufgrund von narzisstischem Missbrauch bleiben zunächst jedoch unsichtbar.

Studiert man die psychologische Fachliteratur, um zu erfahren, wie sich »Narzissmus« zeigt, werden interessanterweise meist die problematischen Auswirkungen *in Bezug auf die Umwelt* beschrieben, z. B. Egozentrizität, Empfindlichkeit, Empathiemangel und Entwertung.[11] Das ist als Beschreibung äußerlicher Verhaltensweisen wichtig und korrekt. Damit wissen wir allerdings noch nichts über die innere Not solcher Menschen.

Meine erste vorläufige Antwort lautet: Die Not besteht darin, dass man wenig bis keine innere Orientierung hat.[12] Man *spürt* nicht, was man will, sondern man spürt, *wovon man denkt*, dass man es spüren sollte. Wenn sich Wünsche und Bedürfnisse nicht aus dem Erleben speisen, sondern man sie sich ausdenken kann, dann wählt man sich nicht das, was zum Moment und zu einem selbst sowie dem Umfeld passt, sondern sucht sich etwas wie aus einem Einkaufsregal aus. So will man dann immer nur das Beste, wie der Anwalt im obigen Beispiel! Oder man möchte die Schönste, der Beliebteste, der Wichtigste oder die Mächtigste sein. Hat man sich eine derartige Ersatzorientierung erst einmal ausgedacht, weiß man anschließend, was man tun *muss*: Man muss dann andere beeindrucken, kontrollieren, umgarnen, quälen, umsorgen, instrumentalisieren, ausbeuten, austricksen, ausstechen, abhängig machen, erobern oder verführen. Bei narzisstischer Not geht es also paradoxerweise *nie* um eigene Wünsche, sondern um Zielsetzungen, die die Gewähr bieten, dass man bedeutsam ist oder die Kontrolle hat! Es geht demnach überhaupt nicht um eigene *Bedürfnisbefriedigung* und *Verbundenheit* mit anderen![13] Das Ziel von narzisstischen Seelenmustern ist *Stabilisierung, um die Not zu begrenzen* – was keiner merken darf, nicht

---

11 Siehe etwa Haller 2017, S. 39–53.

12 Bei solchen und allen weiteren ähnlichen Aussagen in diesem Buch ist immer mitgedacht und gemeint, dass es viele Abstufungen gibt. Die fehlende Orientierung kann sich z. B. nur darauf beschränken, was man von anderen Menschen will, oder darauf, was Freude bereitet, oder darauf, wann man von etwas genug hat etc.! Ich werde noch eine ganze Reihe Abstufungen und Unterschiede in den Beispielen darstellen.

13 Sachse (2002, S. 167 f.) benennt diesen Sachverhalt ebenfalls als besonders tragisch. Meine eigene Unterscheidung besteht in Bedürfnissen, Ersatzbedürfnissen und Bedürfnisbefriedigungsmitteln (s. dazu Eidenschink 2023a).

einmal der Betroffene. Es kann gar nicht um einen selbst gehen, weil es eben dieses »Selbst« gar nicht gibt oder es sich so verletzlich anfühlt, dass es um jeden Preis »geschützt«[14] werden muss. So gilt es, einen weiteren Punkt der Beschreibung festzuhalten: Der Kern narzisstischer Not besteht in *innerer Leere*, die die Folge eines elementaren Mangels an (Fremd- und) Selbstwahrnehmung ist.[15]

Machen wir uns an dem obigen Beispiel klar, worin das innere »Nichts« besteht: Der Mann orientiert sich *nicht* daran, ob er das Gefühl hat, er sei bei mir gut aufgehoben, sondern an einem entfremdeten Kriterium wie »der Beste«. Er sucht *nicht* die Verbindung zu mir, sondern zum Kaffee. Er erzählt *nichts* von sich persönlich, sondern macht sich zum »schwierigen Fall«. Er erzählt *nichts* von seinen Ängsten, wenn er nicht mehr leistungsfähig ist, sondern definiert sich als unersetzlich für seine Mandanten. *Er selbst* kommt in meinem Praxisraum im Grunde *nicht* vor. Nichts zeigt sich, das bei mir einen Kontaktwunsch auslösen könnte. Er ist mit mir zusammen und dabei vollkommen allein.

Aufgrund welcher Erlebnisse entwickelt sich in Menschen ein solcher Mangel an Selbstwahrnehmung? Wie kann es zu einem solchen Defizit kommen? Viele Psychologen unterschiedlicher Richtungen sind sich darüber inzwischen relativ einig.[16] Wir Menschen sind Resonanzwesen. »Der Mensch wird am Du zum Ich« (Martin Buber). Wenn dieses »Mit-anderen-in-Resonanz-Kommen« scheitert oder massiv gestört ist, dann besteht eine Art, damit zurechtzukommen, darin, dass man ein narzisstisches Erlebensmuster ausbildet.

Die folgenden Abschnitte beschreiben nun die Kontexte, in denen narzisstische Not gedeiht. Es geht um fehlenden situativen Bezug von Resonanz (s. Kap. 1, S. 20), um unpassende emotionale Intensität (s. Kap. 1, S. 23) und Rhythmisierung (s. Kap. 1, S. 25) sowie um das Drama, wenn Kinder sich selbst zum Freund werden müssen, weil draußen in der Welt nur verfälschende Spiegelungen zu finden sind (s. Kap. 1, S. 27).

---

14 Solche Formen von Schutz funktionieren immer mehr schlecht als recht. Da die Verletzlichkeit ein Ergebnis eigener seelischer Aktivitäten ist, kann man sich nach außen schützen so viel man will. Die Aggression ist im Inneren. Verletzlichkeit ist ein Produkt von Autoaggression.

15 Das erklärt auch das Rätsel, das sich sehr gut so formulieren lässt: »... wie narzisstische Persönlichkeiten auf der einen Seite extrem abhängig sein können vom Feedback anderer, die ihre positive Selbstsicht bestätigen sollen, gleichzeitig jedoch ein derart abschreckendes Verhalten an den Tag legen, das andere das Weite suchen lässt und das gewünschte Feedback unmöglich macht« (Kernberg 2006, S. 339).

16 Siehe stellvertretend für viele weitere Belege: Altmeyer 2004, 2006; Beaumont 1988; Beebe et al. 2004; Dornes 1994, 1997; Frank 2002; Geißler 2004; Heller et al. 2014; Kohut 1976; Lammers 2015; Petermann 1992; Sachse 2002; Staemmler 2009; Stern 1994, 2011; Wardetzki 2000.

Die Not, die aus falschem Kontakt erwächst

> Ein Bankvorstand, zwei Meter groß, imposante Erscheinung. Er verströmt die Erwartung, dass er Aufmerksamkeit auf sich zieht. Seine Ausstrahlung füllt den Raum mit seiner Dominanz. Laute, tiefe Stimme.
>
> Im Laufe von einem halben Jahr Coaching wurde ihm seine Einsamkeit bewusst, die hinter den depressiven Episoden der letzten Jahre steckt. »Ich bin doch von Menschen umgeben, wie kann ich da einsam sein?«, fragt er fast verzweifelt. Bei einem Familienfest spricht er lange mit seiner 90-jährigen Tante über die Zeit seiner Geburt und woran sie sich so erinnert. Sie ist ganz betrübt. Zögerlich erzählt sie ihm, dass seine Mutter sich immer einen wilden, lauten, bestimmenden Jungen gewünscht hatte, bereits während der Schwangerschaft. Er sei aber schon auf dem Wickeltisch durch seine ruhige, stille, in sich gekehrte Art aufgefallen. Die Mutter wollte ihn so (!) nicht und behandelte ihn stattdessen, wie es ihrem Bild (!) von einem Sohn entsprach. Er bekam keine Resonanz auf sich, sondern auf das, was die Mutter in ihm sah. Der Tante tat das in der Seele weh, und es führte zum vorübergehenden Bruch mit der Schwester.
>
> »Unverstanden und verloren unter anderen war ich offensichtlich von Beginn meines Lebens an!«, so sein tränenreiches Fazit. Er war nie gesehen und gemeint. So wurde er, was er für die Mutter sein sollte: mächtig, laut, bestimmend, beeindruckend. Das Schmuckstück einer exaltierten Frau. Aber nicht er selbst.

Kontakt bekommt man mit anderen Menschen dann, wenn man sein Innenleben wahrnimmt und ausdrückt, dabei auf die Reaktionen der anderen achtet und schließlich wiederum selbst auf das, was andere an Resonanz zeigen, reagiert. So kann man beschreiben, was es heißt, wenn Menschen aufeinander bezogen sind.

Wenn nun primäre Bezugspersonen nicht auf das Kind reagieren, sondern auf ihre Vorstellungen, wie das Kind oder die Beziehung zu sein hat, dann entsteht kein Kontakt, sondern Manipulation. »Werde, der/die du für mich sein sollst!« ist in der Folge das leitende Prinzip. Warum ist so ein Beziehungsmuster so destruktiv?

Menschen sind soziale Wesen – resonanznehmend und resonanzgebend. Vom ersten Atemzug an. Selbstwahrnehmung entwickelt sich an Fremdwahrnehmung. Selbstregulation lernen wir durch die Fremdregulation der Bezugspersonen. Wenn die Eltern diesen Bezogenenheitsraum zum eigenen Nutzen missbrauchen, verliert das Kind seinen Platz. So lauten die Botschaften: Versorge du mich mit Glück! Mach mein Leben sinnvoll! Sing mir ein Lied! Mach mich stolz! Lass mich in Ruhe! Unterhalte mich! Sei das, was ich nie werden konnte! Sei für mich etwas Besonderes!

Diese Aufforderungen implizieren zudem: »Ich will mit deinen Ängsten, deinen Unzulänglichkeiten oder deinen Fehlern nur zu tun haben, um sie ins Gegenteil zu verwandeln!« Das Richtige wie das Falsche wird durch die emotionale Regie des Umfeldes bestimmt. Kinder werden so die Schauspieler im Lieblingsfilm ihrer Eltern: »Wir wollen, dass du so wirst, dass wir auf dich stolz sein können und das Gefühl bekommen, dass du unser Kind bist!« Das Kind lernt dadurch, ein Konzept zu bedienen! Genauer: Ein Konzept, das an die Emotionen der Eltern gekoppelt ist. Also nicht an Regeln, Normen oder Gebote, sondern an gefühlsgebundene Hoffnungen, Abneigungen und Erwartungen von wichtigen anderen. Es spielt nur eine sehr ungeordnete Rolle, was die Eltern denken. Entscheidend ist, was sie hoffen, was das Kind für sie sein soll – also zum Beispiel erfüllend oder dem Leben Sinn verleihend.

Was hat dies für Folgen? Das Kind ist verwirrt. Es merkt, dass es mit seiner Eigenart unbemerkt bleibt oder übergangen wird. Das, was es von sich zeigt, ruft nur wenig Resonanz hervor. Stattdessen bekommt es Reaktionen auf etwas, was es nicht gesendet hat. Es läuft mit dem natürlichen Ausdruck des Eigenen ins Leere und bekommt eine Antwort für Produziertes. Das Kind ist leise und bekommt Lautes zurück, es ist vorsichtig und wird gedrängt, es ist wild und erntet Erschrecken, es ist hungrig und wird mit Zärtlichkeiten überschüttet. Immer ist es das Unpassende: falsche Freude, falsche Ängste, falscher Stolz, falscher Ekel, falsche Scham. Unbezogenheit regiert das Miteinander.

So entwickelt sich im Kind eine sehr effektiv arbeitende Fassadenkompetenz. Man liefert das, was bei anderen Eindruck macht – halt das, was »ankommt«. Schon kleine Kinder üben sich in präpotentem Gehabe, kleine Jungs und Mädchen flirten, was das Zeug hält, posen für Videoclips und werden schnell auf »entzückende« Weise altklug. Innerlich werden die Kinder währenddessen immer entleerter, verlieren den Bezug zu sich und lernen das Leben als Show kennen. Sie leben in narzisstischer Not – von früh bis spät.

Der häufig in den Vordergrund gerückte Selbstwertmangel hinter der narzisstischen Fassade ist daher nur eine Symptomatik unter anderen. Auch deshalb ergibt die Rede von gesundem oder krankem Narzissmus keinen Sinn. An Verlorenheit ist nichts gesund. Daher finde ich es unerlässlich, Selbstwertregulation und narzisstische Not konsequent auseinanderzuhalten. Ich halte diesen Punkt für entscheidend, um ein angemessenes Verständnis narzisstischer Not entwickeln zu können. Darum hier Schritt für Schritt.

Wir alle haben ein Selbstachtungsbedürfnis. Das ist Teil unseres seelischen Wohlbefindens. Wichtig ist hier die Vorsilbe Selbstachtung[17]! Das Bedürfnis besteht also – bei Erwachsenen – *nicht* in Wertschätzung durch *andere*! Die Wertschätzung erfolgt durch eigene innere Aktivitäten, die natürlich durch die Wertschätzung anderer ergänzt und bestärkt werden können. Erwachsene sind jedoch nicht von solchen Bestätigungen anderer abhängig und zur Passivität verdammt!

Anders ist das bei narzisstischer Not. Hier braucht es ständig Zufuhr *äußerer* Bestätigung. Ihr Ausbleiben führt zu desolaten inneren Zuständen von Scham, Empörung und Unverständnis. Dieser Bedarf nach Wertschätzung durch andere macht zum einen abhängig von dem, was andere tun. Dadurch wird man labil und bedarf der Außenstabilisierung. Zum anderen ist dieser Wunsch, *andere* mögen einen toll, attraktiv, klug, wichtig etc. finden, *kein Bedürfnis*[18].

---

17 Selbstachtung wiederum impliziert, dass ein »Selbst« spürbar ist und nicht ein Erleben dominiert, das auf die Außenwelt achtet.

18 Bedürfnisse (im Erwachsenenalter) sind dadurch gekennzeichnet, dass sie immer eigene Aktivität sind. Also nicht »Ich möchte gesehen werden«, denn das macht der andere, sondern »Ich möchte mich zeigen!«, denn das tue ich selbst! Wäre Bedürfnis etwas, was andere tun, wären wir Sklaven unserer Bedürfnisse und anderer Menschen. Wir wären nicht frei, sondern abhängig. Zum anderen: Bedürfnisse sind etwas, was ich erlebe, nicht etwas, was ich tue. Reisen ist eine »Handlung« und damit ein Bedürfnisbefriedungsmittel. Mittel sind immer Mittel zum Zweck und damit variabel und austauschbar. Vielleicht erlebt man sich als frei oder neugierig oder entspannt oder ungebunden oder ..., wenn man reist. Aber grundsätzlich geht das eben auch durch anderes. Das ist auch gut so, deshalb reisen auch nicht alle durch die Welt, gehen am Samstag ins Stadion oder abends in den Club zum Tanzen.

Der narzisstische Grandiositätsbedarf hingegen ist ein Ersatzbedürfnis[19]. Das ist etwas grundlegend anderes. Wer sich nicht spüren kann, sucht ein äußerliches Echo für das, was er bietet, aber nicht für das, was er erlebt und was ihn ausmacht. Die bestätigende Reaktion anderer auf das Dargebotene bleibt auf diese Weise schal und nährt nicht, die Befriedigung ist maß- und haltlos. Da kein Wunsch nach Begegnung im Spiel ist, werden andere vergleichsweise austauschbar. Sie dienen mehr dem Zweck, den fehlenden inneren Halt durch Bestätigung im Außen auszugleichen. Aus dem Wunsch zu lieben wird die Abhängigkeit von Bestätigung, und so entsteht das unglücklichmachende Begehren, dass andere einen lieben für das, was man darstellt.

Das bedeutet also, dass narzisstische Muster keine Folge eines Selbstwertproblems darstellen, weil die Voraussetzung – sich in seiner Eigenart zu spüren – nicht ausreichend ausgebildet ist. Selbstwert braucht Selbsterleben. Fehlt dieses oder ist es fragil und brüchig, braucht es Ersatzprozesse, wie den eben geschilderten.

Damit haben wir den ersten Aspekt des narzisstischen Leids vor Augen: Das Leben ist auf Ersatzbedürfnisse ausgerichtet, und die äußere Bestätigung nützt nichts, weil ein Seelenfass ohne Boden trotz allem möglichem Applaus nie voll werden kann.

Das Drama geht allerdings noch weiter.

Die Not, die aus falsch dosiertem Echo entsteht

> Eine Studentin sitzt vor mir, weil sie wiederholt in einer – wegen ihrer ausgezeichneten schriftlichen Noten eigentlich unproblematischen – mündlichen Prüfung einen Blackout hatte. Sie beschreibt die Situation in ihrem Erleben so: »Ich sitze da vor der Prüferin, die ich sehr mag und sie mich. Aber es sitzen auch noch drei weitere Personen mit im Raum. Die Prüferin ist nicht so nett wie sonst, sondern etwas distanziert und in ihrer Mimik verhalten. Da weiß ich

19 Das mangelnde Auseinanderhalten von Bedürfnissen und Ersatzbedürfnissen ist einer der häufigsten Fehler, die in der Beratungsliteratur zu beobachten sind. Ein Beispiel: »Ich möchte erfolgreicher, sicherer, beliebter etc. werden«. Bei allem, was Menschen wollen, gilt es zu untersuchen, welche Funktion etwas hat. Ersatzbedürfnisse kennzeichnen sich dadurch, dass sie etwas vermeiden. Wer Angst vor Nähe hat, sucht stattdessen vielleicht Bewunderung, wer sich minderwertig fühlt, der sucht Erfolg und Macht, wer Angst vor dem Scheitern hat, bleibt zu Hause, wer Angst vor Zurückweisung hat, macht sich unentbehrlich. »Wofür brauche ich das? Warum ist mir das wichtig? Wie würde ich mich fühlen, wenn ich es hätte?« Derartige Fragen helfen, die Funktion von Anliegen und Zielen zu erforschen. Zufrieden macht nur die Regulation von Bedürfnissen, aber nicht die Regulation von Ersatzbedürfnissen.

> nicht mehr, wie dran ich bin. Vielleicht findet sie mich ja gar nicht gut? Vielleicht sind die anderen besser? Ich kann es nicht deuten. Dann wird in mir alles schwammig und neblig. Ich verstehe schon die Fragen nicht mehr.«

Sie war es von klein auf gewohnt, auf jeden eigentlich normalen Entwicklungsschritt Anerkennung zu bekommen. Sie war für alle immerzu der Anlass für Begeisterungsstürme, Lobeshymnen oder ein Funkeln in den Augen der anderen. Immer schon war sie ein »Projekt« ihrer »Helikoptereltern«, die sich als Agenten ihres Erfolgs verstanden. Ihre Aufmerksamkeit war auf ununterbrochene und anlasslose Belobigung durch andere gepolt. Kam diese nicht oder ließ sich nicht hervorrufen, dann brach sie innerlich zusammen.

Die Regulation der Selbstachtung lernt man – wie schon gesagt – in der Fremdregulation mit anderen. Wenn andere sich immer und mehr als angemessen erfreuen, verliert diese Resonanz jegliche Orientierungsfunktion. Selbstachtung kann man nur entwickeln, wenn man Bejahung *und* Verneinung von anderen bekommt. Wird nur Bestätigung angeliefert und hat diese obendrein keinen Bezug zur Realität wie zu den Bedürfnissen, dann erzeugt sie paradoxerweise narzisstische Not.

Es bildet sich die Überzeugung, dass man von früh bis spät von sich begeistert sein kann, soll und muss: Der eigene Schweiß duftet, das Gekritzel ist ausstellungswürdig, am schlechten Tennisspiel war der Schläger schuld, an schlechten Noten die Lehrkraft, das Aussehen lässt sich chirurgisch oder mit Botox verbessern, versetzungsgefährdende Zeugnisse lassen sich durch Beziehungen kompensieren. Wo ich bin, ist vorn. Solche idealisierten Selbstbilder sind verdichtete Importe der Wünsche und der Beziehungsangebote wichtiger Bezugspersonen.

Fehldosierungen, die zu narzisstischem Leid führen, beziehen sich nicht unbedingt nur auf Anerkennung. Alle anderen Formen der »Spiegelung« können eine enorme Rolle spielen. Kennen Sie Situationen, in denen ein Kind sich das Knie aufgeschlagen hat, ein Elternteil herbeistürzt und man als Beobachter innerhalb von zehn Sekunden nicht mehr weiß, wer von beiden sich angesichts des emotionalen Aufruhrs wehgetan hat? Der/die Erwachsene vereinnahmt die Not und den Schmerz des Kindes und überlagert ihn mit dem eigenen. Die Lautstärke des Erwachsenen übertönt die des Kindes und lässt es »verschwinden«. So kehren sich in der Folge die Verhältnisse oft um. Das Kind beruhigt dann sein erwachsenes Gegenüber, wo es doch selbst Trost bräuchte. »Ist doch gar nicht so schlimm, Mama!«

Solche energetischen Abgestimmtheiten[20] sind entscheidend dafür, ob ein Mensch lernt, wie es sich anfühlt, verstanden zu werden. Ohne ein stimmiges Miteinander, ohne einen *feinen seelischen Tanz* bleiben Menschen in der Tiefe einsam und verloren. Da liegt es nahe, besonders exaltiert, besonders schneidig, eben *besonders* grandios und übersicher aufzutreten, damit man bemerkt wird und Reaktionen bekommt. Selbstentblößung jeglicher Art per Selfies soll dazu dienen, mehr Likes zu bekommen. Follower statt Freunde dominieren in der Welt narzisstischer Nöte.[21] Die Undurchschaubarkeit der Kriterien, nach denen öffentliche Aufmerksamkeit gewährt oder entzogen wird, verstärkt die innere Unsicherheit. So werden die Bemühungen verstärkt, gesehen zu werden, ohne sich wirklich zu zeigen. Narzisstische Not erzeugt einen äußerlichen Dummy, einen Avatar, der dann im Schaufenster des Lebens – ursprünglich für die wichtigsten Bezugspersonen, später für die Welt – ausgestellt wird. Mit der Zeit verwechseln die Betroffenen sich selbst mit dieser Puppe von sich selbst. Man wird, was man glaubt, anbieten zu müssen, und vergisst sich selbst.

Die Not, die sich aus fehlender Rhythmik entwickelt

Eine weitere Quelle von narzisstischen Überlebensmustern ist es, wenn die Fehlabstimmung sich nicht auf den inhaltlichen *Bezug* (s. Kap. 1, S. 20) oder die emotionale *Intensität* (s. Kap. 1, S. 23), sondern auf die zeitliche *Rhythmisierung* bezieht. Was ist damit gemeint?[22]

---

20 Attunement nennt das die Säuglingsforschung (s. Dornes 1994, 1997; Stern 1994, 1991, 2011; Beebe et al. 2004).

21 Zu einer differenzierten Beurteilung des Phänomens siehe Altmeyer 2019.

22 Zu diesem Kapitel lassen sich mit anschaulichen Bildern bei der amerikanischen Säuglingsforscherin Beebe Belege studieren (Beebe et al. 2019, zu den Konsequenzen für die Therapie Erwachsener ausführlich 2004; ebenso Doering 2022).

> Ein Kind spielt mit dem Papa. Sie kullern sich Murmeln zu. Anfangs langsam, dann schneller, dann wieder langsamer – wie beim Tanzen. Urplötzlich bricht das Spiel ab – weil der Vater eine E-Mail bekommt, auf die er reagiert. Das Kind ist verwirrt. Warum kommt die Kugel nicht zurück? Es dauert ein wenig, bis es sich umorientiert und die Malstifte nimmt. Als es gerade vertieft ist, ist der Vater fertig und versucht, die Aufmerksamkeit des Kindes zurückzugewinnen. Es zögert und lässt sich aber wieder ein. Gerade als es neuerlich so richtig in Fahrt kommt, wird der Vater zum zweiten Mal durch die eine E-Mail abgelenkt und unterbricht das Spiel. Enttäuscht und teilnahmslos bleibt das Kind am Boden sitzen.

In einer solchen Szene wird – wenn sie sich wiederholt und musterbildend wird – eintrainiert, dass Kontakt chaotisch ist und aus Dominanz und Unterwerfung besteht. Wer kann wem seinen Rhythmus aufzwingen? Wer passt sich in seiner Modulation von Aufregung und Abregung dem anderen an?

Kinder, die in einer Welt groß werden, in der sie nicht in ihrem Rhythmus spielen dürfen und sich im Kontakt mit anderen emotional abstimmen können, erlernen im Nu auf einer sehr elementaren Ebene, dass sie in jedem sozialen Miteinander den Begegnungen ihren »Stempel« aufdrücken müssen. Es entwickelt sich eine *Gestaltungsdominanz*. Man wird schnell und vorlaut, man erfasst blitzschnell Chancen, Einfluss zu nehmen, sich das Beste zu sichern, die Regeln zu bestimmen oder zu wählen, statt gewählt zu werden. Kurzum man sucht die Dirigentenrolle, um nicht dominiert zu werden. Ein gemeinsames Schwingen und Surfen im spielerischen Miteinander hat man nicht kennengelernt.

So entwickelt sich kein Gespür für ein entspanntes Miteinander. Solche Kinder *müssen* im Vordergrund stehen, und es gelingt ihnen nicht, ruhig den Aktivitäten anderer zu folgen. Die Aufmerksamkeitsspanne sinkt. Da sie auf die Steuerung des Umfelds angewiesen sind, lieben sie den Umgang mit »Maschinen«, also elektronischem Spielzeug und Computerspielen. Auf deren Seelen muss man sich nicht einschwingen, sondern muss sie beherrschen.

Solche Verhaltensmuster bleiben bis ins Erwachsenenalter erhalten. Das ist der tiefere Grund, warum Machtpositionen und Rollen, die andere von sich abhängig machen, für Menschen in narzisstischen Nöten so attraktiv sind. Es geht also nicht um Macht – auch diese ist ein *Ersatzbedürfnis* –, sondern das Ganze bildet eine Ausweichstrategie, um das innere Unvermögen, sich auf andere einzustellen, zu verschleiern. *Wer nicht weiß, was Empathie ist, der sucht die Kontrolle.*

Die Not, die sich selbst erhält und stabilisiert

Falscher Kontakt, fehldosiertes Echo und unharmonische Rhythmik bilden für sich jeweils einzeln und oft auch im Zusammenwirken den Nährboden für die schon genannte innere Leere.[23] Das Wort »ich« verliert seinen Bezug zur *Selbst*wahrnehmung und bezieht sich ersatzweise auf Konzepte, was erfolgreich bei *anderen* ist. Man kann auch sagen, das »Ich« wird zur Kopfgeburt und löst sich vom elementaren Prozess der Bedürfnisregulation und von der sozialen Verbundenheit. Dieser Prozess führt dazu, dass sich die eigene Aufmerksamkeit nicht mehr mit der Frage beschäftigt: »Was spüre ich in mir, und was möchte ich aufgrund dieser Impulse gerne sagen und tun?« Stattdessen sucht man seine Orientierung im Außen über die Fragen wie: »Was kommt bei anderen gut an, und wie kann ich sie beeindrucken? Was finden andere schlecht und wie kann ich eine Blamage vermeiden?«

Werden diese Fragen zum wesentlichen Orientierungs- und Selbststeuerungsmittel, dann wird das Leben fragil, weil man *selbst* nicht beantworten kann, was *andere* gut finden! Denn man kann nicht in andere hineinsehen, man kann sie auch nicht fragen, also muss man die Antwort, was *andere* gut finden, in der *eigenen Fantasie* suchen. Gedankenlesen können aber auch Menschen in narzisstischen Nöten nicht! Weil das eben unmöglich ist, werden sie unsicher. So dreht sich das Leben darum, im Zusammensein mit anderen alles daraufhin abzutasten, ob es geeignet ist, die Aufmerksamkeit auf sich zu lenken. Das können Auffälligkeiten aller Art sein: nicht nur das Sich-Hervortun und Herausstechen durch Leistung oder

23 Nur zur Sicherheit, damit das hier Gemeinte richtig verstanden wird: Es gibt im Bereich der Seele keine Kausalitäten. Menschen sind unterschiedlich resilient oder irritierbar – von klein auf. Daher sind alle vergleichbaren Aussagen im Buch nur Hinweise auf Wahrscheinlichkeiten und Musterbildungen. Es gibt immer andere Entwicklungen, Ausnahmen und Abstufungen.

Witze bzw. das Ausüben von Einfluss, sondern auch Verhaltensweisen, die andere nerven, stören oder auf Distanz gehen lassen. Wichtig ist die Sonderrolle. Die Menschen im Umfeld werden mit ihren Reaktionen zum Füllmittel im *hohlen* Seelenzahn, der sich inzwischen gebildet hat. Man braucht andere nicht, um Erlebnisse zu teilen und miteinander zu schwingen, sondern, um sich zu stabilisieren und sich von der tiefen Einsamkeit abzulenken.

Auch damit ist die Tragik noch nicht vollendet. Letztlich merken Menschen in narzisstischen Nöten, dass die anderen auf sie hereinfallen und sie für etwas wertgeschätzt werden, was sie nicht *sind*. Das Echo auf die Fassade nährt nicht. Damit bleiben solche Menschen immer hungrig, immer allein, immer darauf angewiesen, Bewunderung zu bekommen, die sie stabilisiert, aber nie Sicherheit und Sättigung bewirkt. Weil sich Leere nicht mit Bewunderung füllen lässt, wird noch mehr Show produziert.[24] So kann nie echter Kontakt entstehen, sondern die anderen werden nur benutzt. Sie sind wichtig, solange sie sich funktionalisieren lassen, und werden ausgetauscht, wenn sie sich dem verweigern.

> Ein Mann um die 35 kommt zur Psychotherapie. Anlass ist das Ende der Beziehung zu einer Frau, die ihm wie alle vor ihr langweilig wurde. Am Anfang ist er immer vollkommen begeistert, vergöttert die neue Liebschaft, legt ihr den Himmel zu Füßen und verwöhnt sie. Ist er ihrer sicher oder lässt deren Bereitschaft nach, ihn nur als Traumpartner zu sehen, und kehrt der Alltag ein, dann wird er der Beziehung überdrüssig. Er verliert das Interesse, wird lustlos und fängt an, sie durch verletzende Kritik zu verjagen. »Ich erschrecke ein wenig, wie kalt und herablassend ich werde«, beichtet er etwas fahl im Gesicht. »Aber ich habe eigentlich kein Interesse an den Frauen. Sie sind so leicht zu haben und so leicht hinters Licht zu führen. Sie bewundern mich, ohne mich zu kennen.«

Ein solches narzisstisches Seelenmuster kann viele verschiedene Ausprägungen haben.[25] Dies reicht von

- höchst desolaten Zuständen, die sich in aggressiver, krimineller Energie oder selbst- und fremdschädigenden Verhaltensweisen äußern

24 Zur Unterscheidung von histrionischen und narzisstischen Nöten siehe Lammers 2015.
25 Vgl. Sachse 2002, S. 147–202; Lammers 2015; Kernberg 1993, 2006, hier besonders S. 3–36 u. S. 705–727.

- hin zu lebenslangem Frust wegen Erfolglosigkeit
- bis zu verführerischen, genialen Karrieren in Politik, Medien, Wirtschaft und freien Professionen wie Medizin, Schriftstellerei oder Sport.

Egal wie – das Grundmuster der inneren Not und das Fehlen eines stabilen Zugangs zu kontaktvoller, liebevoller Regulation der eigenen Bedürfnisse sind allerdings gleich. Die Neigung zur Kontrolle anderer in nahen Beziehungen, zu idealen und grandiosen Vorstellungen an sich, sowie zu höchster Kränkungsbereitschaft ist in mehr oder weniger starkem Maß vorhanden.

Ich hoffe, bis hierher ist deutlich geworden, wie viel Leid bei sich und bei anderen narzisstische Not verursacht. Da lohnt es zu wissen, wie man narzisstische Not in unterschiedlichen Rollen unbewusst hervorruft und unwillentlich fördert. Darum geht es nun in den nächsten Kapiteln. Ich fange mit der Rolle »Elternschaft« an.

2 WAS MUSS MAN TUN, UM KINDER MIT NARZISSTISCHEM LEID ZU VERSORGEN?

Niemand will seine Kinder mit narzisstischer Not versorgen. Sehr viele tun es dennoch, ohne es zu wissen. Im Gegenteil: Sie glauben, den Kindern etwas Gutes zu tun. Wer feststellt, dass er im Namen des Guten Schlechtes bewirkt hat, hat es nicht so leicht. Um sich einer solchen Erkenntnis zu stellen, braucht es Mut und die Bereitschaft, Schuldgefühle zuzulassen. Wer von Ihnen als Leser Kinder hat und anfängt, sich wiederzuerkennen, kann an dieser Stelle für sich kurz überprüfen: Ist es mir möglich, Schuldgefühle zuzulassen oder über mich zu erschrecken, ohne mich deshalb vollkommen »runterzumachen«? In den Spiegel schauen und nett mit sich bleiben, wäre eine gute Haltung, um weiterzulesen.

Man lebt mit einem Bild vom Kind

Für viele sind eigene Kinder Bestandteil eines gelingenden Lebens. Das ist wunderbar. Viele haben Vorstellungen davon, wie beglückend und bereichernd Kinder sein können. Ebenso wunderbar. Fast alle wollen für ihre Kinder das Beste. Aber was ist das Beste? Wie entsteht narzisstisches Leid *insbesondere* in Familien, in denen die Eltern alles tun, damit es die Kinder gut haben, und die sich besonders intensiv für sie engagieren?

Kinder entwickeln von Beginn an ein Eigenleben. Das klingt trivial. Weniger trivial ist es, wenn man sagt, Kinder enttäuschen, *weil* sie ein Eigenleben entwickeln, ständig auch die Erwartungen der Eltern. Sie schlafen zur falschen Zeit oder sind wach, wenn man selbst schlafen will. Sie füllen die Windel, wenn man es gerade eilig hat. Sie essen zu langsam oder haben falsche Vorlieben. Sie wollen etwas, das den Wertvorstellungen der Eltern widerspricht, und wollen etwas nicht, das den Eltern wertvoll ist. Das ist alles wichtig und notwendig, damit aus den Kindern Erwachsene werden, die sich gut selbst regulieren können und glücksfähig sind.

Narzisstische Not beim Kind entsteht dann, wenn Sie als Eltern genaue emotionale Vorstellungen davon haben, wie das Kind *ist*. Es geht also nicht darum, wie das Kind sein soll! Das ist unproblematisch: Dazu gibt man vor, dass es sich vor dem Essen die Hände wäscht, sich in der Schule anstrengen soll und die Sonntagshose nicht zum Fußballspielen anzieht. Mit solchen »Du-sollst-Vorgaben«, mit normierenden Regeln, mit Verhaltensvorschriften und mit Werten, die ausgesprochen werden, können und müssen sich Kinder auseinandersetzen, sich daran reiben und Anpassung sowie Widerstand üben.

Ganz anders ist es, wenn die eigenen bewussten und unbewussten *emotionalen* Vorstellungen den Kontakt mit dem Kind prägen.[26] Dazu ein weiteres Beispiel.

> Ich beschreibe die Entwicklung eines Kindes im weiteren Bekanntenkreis vor einigen Jahren.
>
> Die Eltern wünschen sich beide nach zwei Mädchen dringend einen »richtigen« Buben als drittes Kind. Einen Kerl. Einen Wildfang, mit dem der Vater seine sportlichen Eskapaden teilen kann. Zu ihrer großen Freude geht ihr Wunsch in Erfüllung. Allerdings ist für alle Bekannten und Verwandten – nur nicht für die Eltern – sichtbar, dass der Junge in hohem Maß introvertiert ist. Still spielt er mit seinen Zehen, langsam lernt er das Laufen, geduldig träumt er vor sich hin. Er reagiert auf klassische Musik, will nicht zum Toben

26 Vgl. dazu etwa Kernberg 2006, S. 52.

nach draußen, hat eher Angst vor anderen Kindern, ist gern allein, isst achtsam und selbstvergnügt. Er will nicht bespaßt werden und reagiert empfindlich auf chaotische Geräusche. Kurzum – er ist alles andere als ein Wildfang. Er ist introvertiert – leider bei extrovertierten Eltern.

Alle sehen es, nur die Eltern nicht. Sie behandeln ihn so, als ob er ihrem Wunschbild entsprechen würde. Sie animieren, aktivieren, alarmieren ihn. Das Spielzeug wird für den vermeintlichen Wildfang gekauft. Die Urlaube sind auf Erlebnisse, Aktivität, Hüpfburg, Skikurse und Vollprogramm im Kinderhotel geeicht. So erlernt der introvertierte Kerl das extrovertierte wilde Leben. Mit jedem Jahr mehr. Er übt starke Posen und männliches Gehabe. Dabei wirkt er zunehmend affektiert bis arrogant. Es gibt Vorfälle im Kindergarten, wo er andere Kinder drangsaliert und demütigt. Schaut man ihm in die Augen, wirken diese leer und einsam. Er wirkt unglücklich. Nur die Eltern strahlen und prahlen mit ihrem Sohn, der sich doch so prächtig entwickelt habe.

Auch hier übertragen sich die emotionalen Erwartungen der Eltern auf die Selbststeuerung des Kindes. In dem Fall zeigen sich diese in folgenden Aspekten:

- Überlegenheit (»Unser Sohn ist der Klügste.«)
- Bewunderungswünsche (»Ist er nicht zauberhaft!«)
- Entgrenzung (»Er hat so viele Talente, dass wir gar nicht wissen, wie wir all die Aktivitäten am Tag unterbringen sollen.«)
- Großartigkeit (»Er kann schon viel mehr als andere in seinem Alter«) und
- auf den Sockel heben (»Er verdient alle Unterstützung, die wir geben können!«).

Kinder sind nicht fälschungssicher. Sie werden bei derartigen emotionalen Botschaften der Eltern, genau zu dem, was die Eltern in ihnen zu sehen glauben und sehen wollen. So lebt das Kind das, was seine Eltern wollen. Im Beispiel gerät der Junge – im Gegensatz zu seinen Schwestern – in höchste narzisstische Nöte, weil er kein Echo auf sich bekommt, sondern sich dem lebhaften Kind, das die Eltern auf ihn projizieren, angleicht. Je kontakt- und bezugsloser das stattfindet, desto schlimmer.

Wenn Eltern zu wissen glauben, was für das Kind gut ist, bevor es überhaupt auf der Welt ist, leiten sie das »Gute« fürs Kind nicht aus dem unmittelbaren Erleben und im direkten Kontakt mit dem Kind ab, sondern aus *eigenen* Fantasien. Der Unterschied ist wesentlich. Das Kind wird nicht erzogen, sondern nach einem Bild geformt. Im günstigen Fall einer Erziehungsbotschaft wäre die Aussage: »*Mir* ist wichtig, dass du dir vor dem Essen die Hände wäschst!« Im anderen Fall, der die narzisstische Not fördert, lautet die Botschaft: »Es ist für *dich* gut, (wenn *ich* will), dass *du* dir die Hände wäschst!« So wird Selbstwahrnehmung durch Fremdbehauptung ersetzt.

> Die Eltern sitzen im Kontext einer Paarberatung vor mir. Sie bekommen Streit, weil sie sich nicht einigen können, ob das Internat oder die Waldorfschule das Beste für ihr Kind ist. Beide eifern um die besseren Argumente im Hinblick auf Erziehungskonzept, Werte und insbesondere um die Bedeutung von Sanftheit und Aggression im Leben. Sie streiten, ohne über das Kind zu sprechen. Es geht nur um Überzeugungen und Konzepte von einer guten Welt und darum, wofür das Kind später eintreten soll. Man kann fast den Eindruck gewinnen, dass schon vorherbestimmt werden soll, welche Partei das Kind später wählen soll bzw. für welche NGO-Organisation es einmal an verantwortlicher Stelle eine Rolle übernehmen muss. Beide haben nicht eine Meinung, sie sind ihre Meinung!

Wenn man eigenes Wohlergehen, eigene Vorlieben, eigene Hoffnungen und eigene Ziele nicht von denen des Kindes unterscheiden kann, ist dies ein entscheidender Faktor, um das eigene Kind in narzisstische Nöte zu stürzen. Warum? Wer *unabhängig* vom konkreten Kind glaubt, dessen Bedürfnisse, Verletzlichkeiten, Talente, Ängste, Stärken, Neigungen und Sehnsüchte zu kennen, der liefert *blind* »Geschenke« an. Das Kind hat gar nichts »bestellt«, aber es erhält ständig »Lieferungen«, die ihm gefallen sollen. So ruft man »Was ist das für ein schönes Kleid, das ich dir da mitgebracht habe«, noch bevor das Kind eine eigene Reaktion auf das Mitbringsel hat entwickeln und zeigen können. Diese Bewertungsinvasion zerstört im Kind einen wichtigen Aspekt seiner Selbstwahrnehmung. Die Antwort auf die Frage »Was gefällt mir?« wird ersetzt durch die Beobachtung dessen, was den Eltern gefällt.

Das Kind lernt, dass ihm gefallen muss, was man ihm angedeihen lässt. Es muss nehmen, ohne selbst gewollt zu haben.

- Es lernt, Sport zu lieben, obwohl es lieber bastelt.
- Es lernt, Biokost zu mögen und mit Gesundheit zu reagieren.
- Es liebt den alternativen Kindergarten, der für seine Aggressionen kein Verständnis hat.
- Es lernt, sich im sozialen Feld kämpferisch zu behaupten und den anderen eins auf die Mütze zu geben, auch wenn es introvertiert ist.
- Es lernt, dass einem niemand etwas schenkt, und es die wesentliche Lebenskunst ist, sich raffiniert durchzuschlagen.
- Es lernt, die Privatschule als Ausdruck von Selbstverständlichkeit von Sonderwelten anzusehen.
- Es lernt, Armut als unvermeidlich und Subventionierungen als angemessen zu erleben.
- Es lernt, sich anzustrengen, weil die Eltern den Erfolg wollen.
- Es lernt, sich nicht anzustrengen, weil die Eltern es eh für aussichtslos halten.

Alle diese kleinen Beispiele sind eine beliebige Auswahl. Die Liste, die sich für alle sozialen Schichten, alle Bildungsniveaus und Überzeugungswelten anfertigen ließe, würde viele Seiten füllen. Am Ende haben sie eines gemeinsam: Das, was gut ist, ist nicht das Ergebnis der oben schon geschilderten gelingenden Selbstwahrnehmung. Vielmehr wird das Leben des Kindes davon bestimmt, dass es die emotional aufgeladenen Überzeugungen der Eltern importiert. Es wird auf der *emotionalen* – nicht auf der *kognitiven* oder *normativen* – Ebene indoktriniert. So werden die Kinder äußerlich und innerlich zu Avataren. Sie zeigen die gewünschten Gefühle. Die Eltern schaffen das Kind nach ihrem Bilde.

Diese Indoktrination fällt als solche nicht so leicht auf, weil sie im Namen des Guten geschieht. Das Leuchten in den Augen der Eltern erglimmt, wenn das Kind ihr Bild vom Leben und der Welt bedient. Es *muss* glücklich werden. *Es steht unter Glückszwang!* Wenn es die Eltern enttäuscht, dann fühlt es sich nicht schuldig, sondern schämt sich. Schuldig fühlt man sich beim Übertreten von Regeln und Normen. Scham entsteht beim Enttäuschen.

Wenn also Eltern ein besonders wirksames Mittel suchen, um narzisstisches Leid hervorzurufen, sollten sie möglichst oft enttäuscht sein, wenn das Kind die guten Absichten nicht würdigt. Gleichzeitig sollten sie sich möglichst intensiv freuen, wenn das Kind es gut findet, was sie selbst gut finden. Wichtig ist, dass sie sich nicht mit dem Kind an dessen Freude erfreuen, sondern daran, dass es so wird, wie sie es *selbst* gut finden. Je mehr das Kind sich an die emotionalen Erwartungen anpasst, desto größer wird seine narzisstische Not. Denn dann ist es »gelungen«, dass das Kind der elterlichen Vorstellung von Lebensglück entspricht.

Man macht aus zwei eins

> Eine Gruppe Grundschulkinder geht morgens zur Schule. Es ist ein Gehsteig mit Rasenstreifen zur kaum befahrenen Straße. Gut gelaunte Kinder necken sich und freuen sich aneinander – bis auf eines, das merkwürdig steif und vorsichtig läuft. Hinter ihm die Mutter, die ihr Kind begleitet, ebenso angespannt, fast sprungbereit, ständig nach Autos und Fahrrädern schauend, die Kinder argwöhnisch beobachtend. Da ich denselben Weg habe, frage ich sie: »Auch auf dem Weg zum Einkaufen?« – »Nein, ich bringe meine Tochter zur Schule.« – »Verstehe, gut, dass es hier ja nicht wirklich gefährlich ist.« – »Na haben Sie eine Ahnung. Es kann immer und überall was passieren – gerade dann, wenn man nicht damit rechnet. Da ist man schon besser immer mit dabei! Gott sei Dank habe ich Zeit dafür.«

Was geschieht in dem Kind, wenn es wahrnimmt, dass andere Kinder unbefangen und leichten Sinnes zur Schule gehen und die eigene Mutter voller Angst steckt? Rein biologisch orientieren sich junge Säugetiere am Ausdrucksverhalten der Ausgewachsenen. Sie lernen bei den Großen, ob und wann Gefahr droht. Klar, den Tiger im Busch sieht man nicht gleich. Daher hat der Zustand der Mutter auf basale Instinkte der Tochter enormen Einfluss. Das Kind kommt in eine verwirrende Doppelwelt, in der es die Unbefangenheit der Gleichaltrigen und die Angespanntheit der Mutter in der gleichen (!) Situation nicht mehr zusammenbekommt. Es sieht nichts Gefährliches und rechnet doch mit der Gefahr, die sich über die Mutter auf das Kind überträgt.

Narzisstische Not gründet – wie oben skizziert – insbesondere auch im Verlust der Selbstwahrnehmung und der ersatzweise erfolgenden Orientierung an Fremdem. Eltern sind für die Kinder die zentrale Instanz, um sich in der Welt zurechtzufinden. Kinder prüfen ihre Gefühle, indem sie auf gleichklingende Resonanz im Erwachsenen setzen. Man freut sich und schaut, ob Mama und Papa sich auch freuen. Man ängstigt sich und schaut, ob die anderen auch Angst haben.

Diesen Zusammenhang kann man sich als Eltern zunutze machen, um das Kind in narzisstische Nöte zu bringen. Wenn man – wie im obigen Beispiel – um das Kind chronisch (!) besorgt ist, obwohl die Ängste auf Fantasien beruhen und nicht auf akut wahrnehmbaren Gefährdungen (»Schau mal, da kommen immer wieder Radfahrer und Autos. Spring nicht einfach auf die Straße!«), dann verunsichert man das Kind in seiner Selbstwahrnehmung. Dann entwickelt es Angst, weil die Eltern Angst haben, und nicht, weil es selbst Grund zur Angst spürt. Es formt sich nach den unbearbeiteten, unbewussten Mustern der Eltern! Es glaubt diesen mehr als sich selbst. Es sieht: Die anderen Kinder haben Spaß auf dem Schulweg, aber die Mama läuft angespannt und verkrampft nebenher. Damit wird die Selbstsicherheit unterhöhlt, und das Kind versucht, *ein Kind zu werden, das die Eltern nicht in Anspannung bringt.* Diese Art von »Feinfühligkeit« anderen Menschen gegenüber wird dann zum narzisstischen Muster: Man sorgt dafür, dass man anderen das liefert, das ihnen die Ängste nimmt. Selbst wird man dabei leer und gefällt sich in der emotionalen Dienstleistungsrolle für andere bis zur Erschöpfung. So gefällt man sich darin, anderen Sicherheit zu bieten. Was man selbst möchte, verschwindet in der Versenkung der eigenen Psyche.

Aber die Tragik greift tiefer. Schult man das Kind darin, sein Verhalten daran auszurichten, dass man selbst keine Ängste bekommt, erzeugt man damit auch chronische Einsamkeit. Kinder, die die Ängste der Eltern beruhigen, werden für andere sehr oft der Fels in der Brandung.[27] Das disponiert sie für Führungsrollen in Gruppen und in der Arbeitswelt. Man gibt Orientierung und kann sagen, wo es langgeht. Die eigene Bedürftigkeit bleibt auf der Strecke. Das eigene Selbstwahrnehmungsdefizit macht auch unaufmerksam für eigene Gefahren – man wirft sich etwa märtyrerhaft in Schlägereien oder setzt sich für andere ein, ohne den eigenen Preis zu spüren.

Ein besonders raffinierter Umgang der Kinder mit Eltern, die ihre Ängste nicht von den Gefahren der Welt unterscheiden können, liegt darin, sich innerlich, so schnell es möglich ist, unabhängig zu machen. Die Abkehr von den emotionalen Nöten der Eltern ist die Spiegelstrategie zum Sich-zuständig-Machen. Frühe Autonomie und Autarkie werden so zu vorrangigen Lebenszielen, die mit Bedürfnissen verwechselt werden. Die Menschen haben so in ihrer narzisstischen Not das Gefühl, erfolgreich und selbst unabhängig zu sein. Das fühlt sich gut an. Dabei liegt allerdings der Fokus immer auf einem selbst und der (großartigen und großzügigen) Versorgung anderer, nie darauf, selbst etwas emotional zu bedürfen, und nie an einem echten, tiefen Interesse an anderen Menschen. Ein vermeintliches »Autonomiebedürfnis« wird zum Vorwand gegenüber dem Eingeständnis, dass man sich vor Nähe fürchtet und deshalb Distanz sucht.

Wenn man also ein Interesse daran hat, den Kindern solche Entwicklungen zu ersparen, ist es nötig, sich mit den eigenen Ängsten um das Heil der Kinder auseinanderzusetzen. Wenn man merkt, dass Kinder um der Eltern willen sich lieber mit dem Auto zur Schule fahren lassen, als zusammen mit den anderen Kindern zu laufen und dabei Spaß und Freundschaft zu pflegen, dann könnte man wissen, dass etwas schiefläuft. Das Problem dabei ist: Es ist unendlich leicht, sich solche Ängste als Fürsorge, als angemessene Vorsicht und als unabdingbare Aufsichtspflicht auszulegen. Die Argumente werden immer auf dieser Seite liegen.[28] Klar, wer will sich selbst schon vorwerfen, er hätte ein kleineres oder größeres Unglück verhindern können, wenn man besser auf die Kinder aufgepasst hätte?

27 Es gilt hier nicht der Umkehrschluss: Nicht jeder Fels in der Brandung ist Folge von narzisstischem Leid. Ganz grundsätzlich sind solche Beispiele in diesem Buch nie als Kausalitäten zu verstehen. Es kann immer noch anderes mit im Spiel sein und andere Folgen nach sich ziehen.

28 Darum ist es für Erzieher und Lehrer so schwierig, über solche Phänomene mit Eltern ins Gespräch zu kommen. Üblicherweise sind die Eltern dann empört und verbitten sich solche »Einmischungen«.

Da gilt es, ehrlich zu sich zu sein: Geht es wirklich um das Wohl des Kindes oder um die Beruhigung eigener Ängste? Denn man muss nüchtern feststellen: Die Schäden, die Eltern anrichten, weil sie für ihre Kinder *zu gut* sein wollen, sind schlimmer, als sich die allermeisten vorstellen können.

3 WAS MUSS MAN TUN, UM SEIN LEBEN IN NARZISSTISCHER NOT ZU GESTALTEN?

Niemand kann sich seine Geschichte aussuchen. Alle müssen Antworten finden auf Situationen und Herausforderungen, denen sie früh im Leben begegnet sind. Aber niemand ist unweigerlich Opfer seiner seelischen Geschichte. Man kann etablierte psychische Muster bearbeiten und verändern.

> Narzisstische Not im Erwachsenenalter ist kein Schicksal, sondern eine Entwicklungsaufgabe.

Diese Aufgabe kann man anerkennen oder man kann die ungünstigen Formen, mit solcher Not zurechtzukommen, aufrechterhalten und ausbauen.

Man pflegt Grandiosität

Schaut man sich mal an, welche Gemeinsamkeiten Monster in Comics oder entsprechende Filmen haben, wird man feststellen, dass alle ein »Format-Problem« haben: zu große Ohren, zu lange Zähne, zu dicke Nasen, viel zu viele Augen, zu großer Kopf auf kleinem

Körper oder andersherum. Immer ist etwas »aus der Form« geraten. Den Vergleich können Sie als Richtschnur für Phänomene nehmen, die aus narzisstischer Not geboren werden: Es gerät eine ganze Menge aus der Form.

Es ist in der Psychologie unstrittig, dass *Grandiosität* eines der wichtigsten Werkzeuge ist, um mit narzisstischen Nöten zurechtzukommen. Grandios bedeutet: größer sein wollen, als man es innerlich tragen kann. Wer sich narzisstisch mickrig fühlt – und das tun auch oft die Menschen, die etwa in hohe Staatsämter oder Wirtschaftsfunktionen kommen –, der gleicht dieses sehr unerfreuliche Selbsterleben aus, *indem er alles aufbläst*, was sich dafür eignet: die schönsten Partner, der wichtigste Beruf, das geilste Projekt, die schlimmste Krankheit, die schwierigste seelische Störung, die genialsten Kinder, der herbste Schicksalsschlag. Wie an der Aufreihung schon erkennbar ist, eignet sich nicht nur Schönes und Erstrebenswertes, sondern auch Schlechtes und Schlimmes zum Aufblasen – Hauptsache groß. Sie dürfen als Leser grundsätzlich davon ausgehen: Je mehr Grandiosität jemand pflegt, desto schlimmer ist die innere Not. Glauben Sie nie, dass es Menschen, die sich vergrößern, innerlich gut geht. Im Gegenteil.

> Halten Sie selbst, wenn Sie wollen, kurz inne. Prüfen Sie für einen Moment Ihr Leben. Gibt es Bereiche, wo Sie mehr aus etwas machen, als eigentlich da ist? Dabei ist es egal, ob Sie sich selbst in der Bedeutung aufblähen oder dies an Partnern, Kindern, Beruf, Erfolgen, Talenten, Engagement für eine Sache o. Ä. festmachen – Hauptsache übertrieben. Wenn Sie fündig geworden sind, dann wäre die Anschlussfrage: Wofür ist das gut? Was erreichen Sie dabei für sich? Welche unangenehmen Gefühle vermeiden Sie dadurch?

Menschen, die sich früh für Grandiosität als Überlebensstrategie entscheiden mussten, haben im Wesentlichen drei Möglichkeiten, diese Grandiosität zu pflegen:

1. Sie setzen ihre gesamte Lebenskraft und Talente dafür ein, erfolgreich zu sein
2. Sie hegen den Misserfolg und träumen vom Erfolg.
3. Sie scheitern und tun dies auf brutale und grandiose Weise.

Lassen Sie uns diese drei Wege etwas genauer erkunden.

Konzepte des Erfolgs

Narzisstische Not und Erfolg sind ein interessantes Pärchen. Denn man kann aus solcher Not heraus erfolgreich werden. Wie ist das möglich, und wie kann man sich das erklären?

Wer gelernt hat, sich am Erfolg und nicht an eigenen Bedürfnissen zu orientieren, für den ist es unmittelbar naheliegend, Ziele anzupeilen, die sich mit Begriffen wie Karriere, wichtige Ämter und Posten, Reichtum, sozialer Einfluss, erotische Anziehung, Zahl der Fans und Anhänger, mediale Bekannt- oder Berühmtheit, Siege und Trophäen, Bestseller-Autorenschaft etc. beschreiben lassen! Entscheidend ist dabei, dass die Betroffenen sich vom Erreichen der Ziele *abhängig* machen, denn das mobilisiert automatisch alle verfügbaren Kräfte. Ist es für andere schön, wenn die eigene Talententfaltung auch äußeren Erfolg mit sich bringt, ist es für narzisstisch Leidende unabdingbar. Es hängt im übertragenen Sinn »das Leben davon ab«. Zusätzlich wird der Erfolg innerlich mit Bedeutung aufgeladen, wenn man glaubt, dass Erfolg glücklich macht und für Sicherheit im Leben sorgt.

Nebenbei gesagt: Letzteres ist besonderer Unsinn, denn nicht der Erfolg selbst macht glücklich, sondern wie man ihn verarbeitet. Tiefe Zufriedenheit geht einher mit der inneren Freiheit, dass man nicht erfolgreich sein muss. Glück entsteht, wenn man liebt, was man tut, wenn man es um seiner selbst willen tut und nicht wegen des Ergebnisses oder des Beifalls von anderen.

> Der Revisions-Chef einer großen Bank sitzt beim Coach, weil er chronisch unter Schlaflosigkeit leidet, mit den Zähnen knirscht und Verdauungsprobleme hat. Die Ärzte können ihm nicht helfen. Vielleicht sei es ja psychisch, meint er. Er erzählt, dass schon Vater und Großvater Vorstände waren. Irgendwie hat er das Gefühl, dass er in seinen Bemühungen erst nachlassen darf, wenn er diesen Karriereschritt ebenfalls geschafft hat. Alles andere als Vorstand zählt nicht. Darum darf er nicht kränkeln, weil er so kurz davor ist, es vielleicht zu schaffen.

Als ich ihn frage, ob es denn in seinem Leben etwas gibt, was ihm leicht von der Hand geht und ihn mit voller Inbrunst erfüllt, wird er rot und verlegen. Es braucht einiges an Ermutigung, um das Geheimnis einer Seite in einem selbst, das nicht dem narzisstischen Ideal entspricht, in Erfahrung zu bringen. Er schreibe gern Kinderbücher, beichtet er. Das erstaunt nun auch mich: »Damit hätte ich nicht gerechnet. Aber ehrlich – es passt irgendwie zu Ihnen!«

Die Scham wird groß, als ich ihn bitte, mich doch mal eins der (unveröffentlichten) Manuskripte lesen zu lassen. Dabei wird ihm sukzessive klar, dass er nicht sein Leben lebt, sondern das der väterlichen Linie. Irgendwann platzt es aus ihm heraus: »Ich glaube, schon mein Vater hasste seinen Job. Aber meine Mutter wollte das. Und jetzt mache ich den gleichen Fehler!«

Wer narzisstisches Unglück erhalten und verfeinern möchte, arbeitet nicht deshalb, weil es einem inneren Bedürfnis entspricht und etwas zur Entfaltung bringt, sondern weil er oder sie es auf den Nobelpreis (oder etwas vergleichbares Kleineres) abgesehen hat. Man ist politisch engagiert nicht aus Gestaltungsfreude, sondern um Minister zu werden – mindestens! In der Firma ist man nicht, weil es Freude macht, Aufgaben angemessen zu erledigen, sondern um Vorstand oder Bereichsleiter zu werden. Man gründet ein Start-up, um reich zu werden, und nicht etwa, um einer Idee zu dienen.[29]

Besonders beachtenswert ist dabei, dass narzisstisch leidende Menschen es für besonders wichtig halten, sich für das Ziel abzuquälen. Ein Sich-Quälen für das große Ziel wird heroisiert und ist dann in sich ein Zeichen dafür, dass man auf dem richtigen Weg ist! Wie es einem selbst dabei ergeht, spielt keine wirkliche Rolle. Was mich nicht umbringt, das macht mich härter.[30] Anstrengungen werden hochgejubelt: *Work hard, play hard!* Gefeiert wird wie ein Biest – entgrenzt, enthemmt, entrückt. Ein paar Drogen hie und da erleichtern die Sache. Dabei fällt dann auch nicht so auf, dass man die Pillen braucht, um sich überhaupt vergnügen zu können. Man sagt sich: Alles wird am *Ende*, nachdem man »Dreck gefressen« hat, so richtig belohnt.

29 Wer dafür besonders eindrückliche Schilderungen sucht, wird in dem Bericht von Roger Schawinski (2016) über Joe Ackermann, Sepp Blatter oder Lance Armstrong fündig.

30 Die dabei oft entstehenden körperlichen Verschleißerscheinungen sind zugleich oft der Hilfeschrei, den die Betroffenen in die Welt senden. Nicht zuletzt schicken Ärzte diejenigen mit Burn-out oder somatischen Zusammenbrüchen dann in die Klinik oder zum Psychotherapeuten.

Aber nicht jeder, der hohe Ziele anstrebt, erreicht diese auch. Narzisstische Not macht dies jedoch wahrscheinlicher. Warum? Das liegt neben der gerade geschilderten Bereitschaft zur Selbstquälerei an folgenden vier weiteren Faktoren:

- Narzisstische Not beschert gewaltige Vorteile im Konkurrenzkampf, weil sie mit einer zumeist ausgeprägten emotionalen Gleichgültigkeit für das Leid anderer Menschen einhergeht. Wer narzisstisch leidet, versteht nicht, dass andere Menschen wirkliche Gefühle haben. Man *weiß* zwar, dass man jemandem wehtut oder andere beschämt, aber man *erlebt* es nicht. Wer erlebt, dass er anderen wehtut, bekommt Schuldgefühle oder schämt sich. Narzisstisch leidende Menschen sehen die Not anderer so, als ob sie in einem Film säßen: »Es« ist interessant, erzeugt Spannung und Aufregung. Man kann andere verspotten, aus dem Feld schlagen, sie beschädigen, sie zurücklassen, sie benutzen und ausbeuten – und ist dabei ungerührt und unerreichbar. So kann man sich sogar vormachen, man würde anderen etwas Gutes tun, wenn man ihnen Niederlagen bereitet. Wer frei von Scham und Schuld ist, der hat im Wettbewerb einen unschätzbaren Vorteil.
- Ein besonders wichtiger Aspekt im Umgang mit anderen ist, dass man als narzisstisch leidende Person sein Gegenüber sehr leicht für dumm, unbegabt, faul, böswillig oder niederträchtig halten kann. Das gelingt deshalb besonders gut, weil man darin von klein auf Übung hat. Wer erlebt, dass einen die Eltern nicht lesen können oder emotional missbrauchen, der kann als Notfallmaßnahme die Eltern auch abwerten:[31] Diese Abwertung setzt man als Erwachsener fort, *weil es die wichtigste Möglichkeit ist, sich von anderen zu unterscheiden.* Man unterscheidet sich nicht durch Unterschiedlichkeit (für die es keine Resonanz gab), sondern durch eine entsprechende Bewertung. Unter Konkurrenzbedingungen kommt einem das dann zugute: Man muss nicht lang überlegen oder gar erforschen, ob bei den anderen etwas zu holen ist. Nein, man kann einfach loslegen, hält das Eigene ohne Prüfung von anderem für das Bessere.

31 Siehe dazu ausführlich Kernberg 2006, S. 610–613; vom anderen Weg – die Eltern großartig zu finden und die eigene Kindheit als nur glücklich zu beschreiben – war schon die Rede.

Damit macht man Eindruck, denn Selbstzweifel verzögern das Handeln. »So oder doch anders?« Andere überlegen noch, da ist man schon losgelaufen. Organisationen suchen Menschen mit Tatkraft und Entscheidungsfreude. So hilft die Abwertung anderer der eigenen Entschlusskraft und dem Identitätserhalt.

- In der narzisstischen Welt sind die eigenen Impulse verloren. So erfolgt die Orientierung am erstrebten Ideal, und man füllt das Leben mit Attraktionen. Schnell prägen Daueraktivität und Ruhelosigkeit den Alltag. Nach der 60-Stunden-Arbeitswoche mit vollgepacktem Familien-SUV fürs Wochenende zum Dauersport in die Berge oder ans Meer! Wo andere erschöpft Ruhe brauchen, findet das narzisstische Ich-Ideal Lust auf Verbesserungen. Wenn andere sich ausruhen, halten einen die narzisstischen Idealvorstellungen auf Trab. Das hilft, wenn man Erfolg braucht.
- Weil sich aus dem seelischen Innenraum selbst heraus kein Genuss ziehen lässt, braucht man ständig Neues und vor allem Intensität. Ohne äußere Reize droht die innere Leere. So sucht man ständig neue Herausforderungen, springt ins kalte Wasser, wechselt Genussmittel und Partner, fackelt nicht lang. Surfen auf den Wellen der Reizfluten. Wer könnte daran etwas falsch finden? Bühnen, Events und Shows liefern den Anlass, um zur Höchstform aufzulaufen. Wer solches gut bedienen kann, hat massive Vorteile gegenüber allen, die auch nur einen Moment mit Selbstzweifeln oder Ängsten beschäftigt sind.

Damit haben wir einen Fünfklang: *Selbstquälerei, Empathiearmut, Abwertungsbereitschaft, Aktivitätszwang und reizinduzierte Intensität.* Ich muss nicht weiter erklären, dass solche Fähigkeiten in einer Welt wie der unseren Vorteile im Konkurrenzkampf mit sich bringen. Man ist in dieser »Ausstattung« mit von der Partie, ist auf der Überholspur, und das Leben ist trotz aller inneren Leere »geil«. Narzisstische Not hilft in einer Welt, die äußeren Erfolg als Beleg ansieht, dass jemand etwas richtig macht.

Konzepte des Misserfolgs

Um ein Ideal zu bedienen, das die innere Leere übermalt, braucht es Talente. Was machen Menschen, die zwar von Beginn ihres Lebens an »etwas für andere« sein mussten, aber an dieser Aufgabe scheitern? Was, wenn man nicht so musikalisch, nicht so schön, nicht so klug, nicht so sportlich, nicht so ... ist, wie die Eltern es erwartet haben, um sich mit ihrem Kind identifizieren zu können?

Hier gibt es zwei Hauptmittel, mit denen man sich behelfen kann: Fantasie oder Symbiose mit erfolgreichem Narzissmus. Wer sich für die Fantasie entscheidet, der wird zum Helden, zur Heldin seiner *unerreichten* Ziele. Kennen Sie Menschen, die sich für Großes berufen fühlen, aber nichts dafür tun? Oder etwas tun, aber nie damit fertig werden?

> Der Mann war im 48. Semester und arbeitete an seiner Promotion. Der Traum vom bedeutsamen C4-Lehrstuhl war ungebrochen. Schuld waren die mangelnde Förderung, die Schwierigkeit des Themas und Menschen, die nicht sehen konnten, welche Genialität in ihm steckte. Sein Selbstbild – das des großen Geisteswissenschaftlers, der die Philosophie von Hegel zur Vollendung bringt – war vollkommen intakt.

In allen gesellschaftlichen Kontexten gibt es jene, die ihre narzisstische Not in eine Geschichte immerwährenden Aufschubs und kontinuierlichen Scheiterns verpacken: Menschen, die nicht singen können, sich aber bei »Deutschland sucht den Superstar« bewerben und beschämen lassen. Menschen, die immer nur trainieren, aber nie einen Wettkampf machen. Menschen, die Romane anfangen, die nie fertig oder publiziert werden. Denn wer fertig wird oder sich zeigt, läuft Gefahr, die Realität vor Augen geführt zu bekommen, die offenbart: Ideal und Wirklichkeit haben nichts miteinander zu tun. Aufschieben und Versteckthalten sind dann probate Mittel der *Sicherung von Illusionen*. Im Traum bleibt man das, was man sein möchte. Damit versäumt man ein Leben lang die wundervollen Möglichkeiten, die entstehen, wenn man lebt, was man ist.

Die zweite Möglichkeit, auf der Grundlage von narzisstischen Nöten Misserfolg zu kultivieren, ist eine, die beim gesunden Menschenverstand oft für Erstaunen sorgt.

Die junge Unternehmensberaterin ist im Coaching, weil sie merkwürdige Motivationsprobleme hat und jetzt, wo sie seit drei Jahren bei einer der führenden Firmen in diesem Bereich arbeitet, nur noch ans Heiraten und Kinderkriegen denkt. Das kommt ihr selbst komisch vor, da sie gut ist und ihr Aufstiegschancen in Aussicht gestellt werden. Aber sie spürt einen unglaublichen Sog, mit dem Kollegen, mit dem sie eine Beziehung führt, eine Familie zu gründen und die eigene Karriere aufzugeben. »Er ist sowieso viel besser als ich. Er wird mit Sicherheit Partner werden, und das ist doch das Wichtigste: dass es einer von uns schafft!« – »Was ist daran für Sie das Problem?« – »Nun ja, ich habe immer diese Frauen gehasst, die nie etwas Eigenes zuwege bringen, sich dann einen reichen, erfolgsgierigen Mann suchen und zur Hausfrau und Mutter werden. Aber, genau das wünsche ich mir nun.«

Das moderne Frauenbild[32] der Beraterin kommt ins Gehege mit der narzisstischen Versuchung, sich leicht und unkompliziert an den Erfolgströgen des Lebens bedienen zu können. Der bei narzisstischen Nöten immer zumindest unbewusst vorhandene Zweifel, ob sie nicht doch allen etwas vormacht und in der Tiefe eine Versagerin ist,[33] lässt sich beruhigen, wenn sie sich in den Dienst erfolgreicher anderer stellt. Man arbeitet zu. Man unterstützt. Das kann der Partner / die Partnerin sein, ein charismatischer Chef, eine Parteivorsitzende oder Ähnliches.

Dieses Stilmittel funktioniert allerdings nicht nur mit Einzelpersonen. Man kann sich einer Gruppe anschließen, die sich wegen ihrer Zielsetzungen oder ihres Renommees als Symbol für die eigene Bedeutsamkeit eignet. Alles, was man mitbringen muss, ist die Huldigungsbereitschaft gegenüber der Gruppenidentität. Ob man dies über eine religiöse Sektenmitgliedschaft, über bedingungsloses Parteianhängertum, fanatischen Nationalismus, als Fan der »richtigen« Mannschaft/Automarke oder über moralisch hochwertige Verbände und Bewegungen lebt, ist dann Geschmackssache. Wichtig ist, dass man zum Diener einer guten Sache wird. Das Prinzip ist: Grandiose Gruppenidentität anstelle eigener Sichtbarkeit und Berühmtheit: Ich bin mit dabei!

32 Siehe dazu auch das folgende Kapitel, wenn es um Ideale geht. Solche Bilder, wie man als Frau oder Mann »heute« zu sein hat, sind häufig Stützpfeiler von Menschen in narzisstischer Not.

33 Das sogenannte »Imposter«-Syndrom ist weit verbreitet und besteht in der Angst, dass andere entdecken, dass man nur eine Fassade ohne jede Bausubstanz ist.

Versucht man, mit Menschen, die ihre Not auf diese Weise bewältigen, über die Sinnhaftigkeit ihres Tuns zu diskutieren, kann man zumeist genauso gut mit einem Laternenpfahl ins Gespräch gehen. Es nützt nichts, weil das Aufgeben der Größenfantasie oder der Zugehörigkeit das innere Nichts heraufbeschwört.

> Obiges Beispiel der Unternehmensberaterin ist daher eher untypisch, da sie selbst skeptisch war. Das lag u. a. daran, dass andere ideale (feministische) Werte wie »selbstständige und erfolgreiche Frau« mit dem narzisstischen Ausweg des »Sich-mit-Erfolg-versorgen-Lassens« in Konkurrenz kamen. Als ihr bewusst wurde, dass sie sich selbst mit beiden »Zielen« nicht gerecht wurde, geschah etwas für sie selbst vollkommen Überraschendes: Sie kündigte und trennte sich! Der Abschied von den Idealen half ihr zu realisieren, dass der Zukünftige sie eher als Schmuckstück nutzen wollte, als dass er sie liebte, und dass sie beruflich sehr viel lieber in einem stabilen Team langfristig an Themen arbeiten wollte.

Konzepte des Scheiterns

Nun geht es um den berühmten »narzisstischen Zusammenbruch«: Das Scheitern auf hohem bis höchstem Niveau gehört zu den beliebtesten Formen, wie Menschen versuchen, sich aus narzisstischen Nöten zu befreien.

> Ein erfolgreicher Manager – klug, menschennah, perfektionistisch und beliebt – macht im Konzern Karriere. Am meisten gefällt dies seiner Frau. Sie liebt die Events, die Einladungen in die politische Gesellschaft, das Reisen, die Auslandsaufenthalte. Sie ist es, die ihn anspornt, von ihm den nächsten Schritt verlangt, seinen Ehrgeiz anstachelt und Konsumverhältnisse für sich und die Kinder etabliert, die eine Erhöhung des Einkommens wünschenswert erscheinen lassen. Am Ende dieses Weges ist er an der Spitze.
>
> Nun entstehen bei beiden Ängste. Wird er es schaffen?! Der Job ist schwierig, verlangt riskante Entscheidungen, braucht Durchsetzungskraft und ruft Gegner und Feinde auf den Plan. Sie versorgt ihn zusätzlich zu dem Druck, den er sich selbst schon macht, mit Erwartungen und treibt ihn an. Er arbeitet Tag und – vor allem – Nacht. Die Unsicherheiten, ob er alle Erwartungen erfüllen kann, führen zu einem zögerlichen Entscheidungsverhalten. Es

> dauert nicht lange, und er wird als Zauderer wahrgenommen. Seine Unterstützer und Freunde wundern sich. Sie fangen ihrerseits an, ihn zu drängen. Seine Frau macht Druck, droht ihm, demütigt ihn vor den Kindern. Alle – privat wie beruflich – sehen, dass es ihm nicht gut geht und wie er sich zunehmend isoliert. Seine Stärken verschwinden. Was alle für unmöglich gehalten haben: Innerhalb kurzer Zeit verliert er den Rückhalt in den Gremien, und sein Vertrag wird nicht verlängert.

Das Aufrechterhalten von idealen Vorstellungen seiner selbst ist in den meisten Fällen so anstrengend, dass irgendwann die Kräfte erlahmen. Wenn dann zudem der »Gewinn« aus dem Bewundertwerden schal wird, oder das Umfeld Probleme macht (Scheidung, Kinder wenden sich ab, Weggefährten trennen sich etc.), dann wird es labil. Spätestens, wenn der Erfolg ausbleibt oder die Maskerade auffliegt, weil man das Lügengebäude nicht mehr ausreichend kontrollieren kann, ist der Krug so lange zum Brunnen gegangen, bis er zerbrochen ist.

Was dann folgt, ist Scham, Scham, Scham und nochmals Scham. Ich habe Menschen in solchen Nöten beigestanden. Sehr viel Unangenehmeres kann man kaum in sich erleben und aushalten. Wenn Sie selbst so etwas erleben oder in Ihrem Umfeld bei jemanden beobachten, kommt es darauf an, dass man der Scham nicht ausweicht. Wie gesagt – das ist nicht leicht. Der Scham auszuweichen geht besonders gut, wenn man aus der Not eine Tugend macht. In dem Fall kann man versuchen, das Ganze als besonders gelungene Form des Umgangs mit Schwierigkeiten darzustellen. Für solche Rettungsversuche der narzisstischen Not gibt es eine Reihe von Parolen: »Hinfallen, aufstehen, Krönchen richten und weiterlaufen« oder »Wenn schon scheitern, dann nur so grandios wie ich!« So finden manche im Gefängnis zu Jesus und kommen wieder in die Talkshows, diesmal als geläuterte Prediger, andere schwören dem alten Kontext ab und kommentieren die politischen Parteien so, als ob sie nie Teil dieses Systems gewesen wären. Wieder andere schreiben Bestseller mit den Erfahrungen, die ihnen das Scheitern hat angedeihen lassen.

Solche Strategien können gelingen. Dann findet die narzisstische Tragik ihren Fortgang. Gelingt dies nicht, steigen die Chancen auf einen Musterwechsel in der seelischen Struktur. Denn Scham ist – wird sie nicht allein erlebt – potenziell heilsam, weil an die Scham die zarten Seiten der Psyche gebunden sind. Letztlich kann man sagen:

Ohne ein Gewahrwerden von Scham gibt es keinen Ausstieg aus der narzisstischen Not.

Auch hier gilt: Nie und nimmer machen die Menschen das von sich aus zum Thema. Es hat nie jemand zu mir als Coach oder Psychotherapeut gesagt: »Ich bin heute hier, damit ich mit Ihnen meine Scham teilen und erforschen kann!« Da muss der Coach selbst aktiv werden und einen solchen Wahrnehmungsfokus anbieten. Weil dies – wegen aus meiner Sicht ungünstigen konzeptuellen Gründen einiger psychologischer Beratungsansätze – häufig nicht gemacht wird, gelten dann Menschen in diesen Nöten als nicht oder schwer beratbar. Das nennt man in der Psychotherapie »negative Diagnostik«. Weil der Therapeut oder Coach nicht weiterweiß oder scheitert, verpasst er dem Klienten eine »schwerere« Diagnose. So hat der Klient die »Schuld« und nicht etwa die mangelnde Antwortfähigkeit des Coaches oder Therapeuten auf die vorhandene Not.

Bekommt aber der narzisstisch Notleidende Zugang zur narzisstisch verursachten Scham, dann mischen sich in diesen Zustand andere, neue Affekte und Erlebniszustände. Er oder sie beginnt, sich dann zu erlauben, so zu sein, wie er/sie sich fühlt: mickrig, fragil, nicht überlebensfähig, ausgeliefert, gewöhnlich, unendlich allein, im Weltall ohne Halt und Berührung schwebend, brüchig, verwirrt, orientierungslos u. v. a.! Im Erleben von Gewöhnlichkeit liegt oft der Wendepunkt eines grausam isolierten Lebens.

Das muss man wissen, denn der natürliche Impuls zu helfen besteht meist darin, von unangenehmen Gefühlen weg- und zu angenehmen Gefühlen hinzukommen. Später im Buch wird davon noch die Rede sein.[34] Hier sei es markiert: Es gibt kein Ende der narzisstischen Not, ohne sehr unangenehme Gefühle wie Scham, Neid und Leere zuzulassen.

34 Siehe dazu ausführlich Kapitel 9.

Man orientiert sich an Idealen

Was ist ein Ideal?

Von Idealen war bislang schon mehrfach die Rede. Doch was sind Ideale im Kontext von narzisstischen Nöten? Ideale sind Vorstellungen, wie etwas zu sein hat, damit es als makellos, glücksbringend und erstrebenswert angesehen werden kann. Das kann sich auf die eigene Person (= »So soll ich sein!«) richten, auf andere (»So soll meine Partnerin sein!«) oder die Welt (= »Es soll Gerechtigkeit herrschen!«). Solche Vorstellungen gehen meist mit Perfektionsideen einher und sind emotional ausschließlich positiv besetzt. Ideale sind für die, die sie benutzen, ambivalenzfrei, d. h., sie sind *nur* gut und *ausschließlich* mit guten Gefühlen gekoppelt. Das ist *ein* Grund, warum Menschen dazu neigen, sich mit ihren Idealen zu identifizieren. Man wird zum guten Menschen, man fühlt sich gut, weil man gute Ideale verfolgt.

Führen Sie sich die Erkenntnisse des ersten und zweiten Kapitels vor Augen. Narzisstische Not entsteht u. a., wenn jemand von klein auf mit einem (elterlichen) Ideal behelligt wurde (s. Kap. 2, S. 30). Dieses erworbene Muster, dass man etwas anderes oder mehr zu sein hat als das, was man ist, macht zwangsläufig anfällig für alle Arten von Idealen, hat man doch dadurch Orientierung auf etwas gesellschaftlich Anerkanntes und Legitimierendes.

Vertiefen wir das Verständnis am Beispiel des Ich-Ideals. Ein besonders »schöner« Satz, der eine Orientierung am Ich-Ideal prägnant und gefällig ausdrückt, ist: *»Werde die beste Version deiner selbst!«* Dieser narzisstische Slogan ist weit verbreitet und hoch geschätzt.[35] Einige Beispielformulierungen aus willkürlich aufgerufenen Webseiten, die erscheinen, wenn man den Slogan als Suchbegriff eingibt:

- »Sei endlich die Person, die du sein willst!«
- »Wenn wir wirklich ein außergewöhnliches Leben führen möchten, ist es wichtig, dass wir uns jeden Tag wieder aufs Neue motivieren, unser Selbstbewusstsein fördern und in Richtung unserer besten Version streben.«

35 Siehe etwa: https://www.youtube.com/watch?v=5VCK8v3iMZQ, https://www.youtube.com/watch?v=mggHjolk71I [4.9.2023] (Schade-Strohm 2017).

- »Wenn du in den Spiegel schaust, siehst du dann dein ideales Selbst? Nein? Siehst du stattdessen jemanden, der sich häufig in seinen eigenen Gedanken verfängt, jemanden, der sich auch leicht mal ablenken lässt, obwohl er sich doch eigentlich vornimmt, produktiv zu sein? Dann bist du nicht, was du sein könntest!«
- »Schreib dir die schönste Version von dir auf, die das schönste Herzklopfen in dir auslöst. Und in diesem Gefühl sprich sie dir als Memo auf dein Handy. So erstellst du dir eine ganz eigene Meditation, die dich auf dein neues Lieblings-Ich programmiert. Hör sie dir am besten täglich direkt nach dem Aufwachen und kurz vorm Einschlafen an, weil dein Unterbewusstsein da am empfänglichsten ist. So wird diese Version schon ganz bald zu deiner gelebten Realität werden.«
- »Du musst nicht immer 100 % geben. Niemand schafft immer 100 %. Wenn du auch mit 95 % zufrieden bist, schaffst du es leichter zur besten Version deiner selbst.«
- »Sehe dich als die Person, die du gerne sein möchtest. Bleibe diesem neuen Selbstbild treu, dann wird es tief in dein Unterbewusstsein einsinken, dort heranreifen und nach einer Weile als beantwortetes Gebet Wirklichkeit werden. Besiege dich jeden Tag selbst!«

Die Idee hinter solchen Formulierungen ist, dass man sich designen kann, zurechtrücken und dem wahren Selbst auf die Sprünge helfen muss. Man muss das Selbstbewusstsein *fördern*, man muss sich *besiegen*, man *muss* zufrieden sein, man muss sein *Lieblings-Ich* sein. Nicht mehr die anderen, sondern Sie selbst bestimmen nun, wie man zu sein hat. Das klingt verlockend. Bücher und Beratungsangebote dazu gibt es wie Sand am Meer.

Jedoch: Warum eigentlich soll man etwas in sich *aufrufen*? Wieso kommt es nicht von selbst auf? Welche innere Instanz ist es denn eigentlich, die da ruft? Will man seine narzisstische Not vervollkommnen, dann ist das jedenfalls der richtige Weg: Werden Sie jeden Tag ein kleines bisschen besser, dünner, ausdauernder, klüger, kräftiger, ehrlicher, wahrer, authentischer ...![36] Was spricht gegen diese selbstgestaltete Selbstoptimierung? Wo liegt das Problem?

36 André Green (2018, S. 191 f.) – der große französische Psychoanalytiker – fasst die Konsequenzen für einen Menschen in narzisstischer Not so zusammen: »Die Folge ist, dass er [...] sich schämt, nur das zu sein, was er ist, oder sich aber schämt, weil er vorgibt, mehr zu sein, als er ist.«

> Eine junge Studentin kommt vollkommen in Tränen aufgelöst zum Erstgespräch. Sie hatte vor einigen Wochen einen Workshop »Souverän im Cockpit deines Lebens« besucht, den ihre Mutter ihr geschenkt hatte. »Ich bin fix und fertig. Alles war so klar. Wir haben dort wunderbare Tools bekommen, die man jeden Tag dazu nutzen kann, auf das Positive zu schauen, die kleinen Schritte in Richtung der eigenen Vision aufzuschreiben und sich die eigenen Ziele jeden Tag zu imaginieren.« – »Und was bringt Sie nun in so eine Verfassung?« – »Ich bin zu blöd, das umzusetzen! Alles klang so überzeugend, und ich hatte eine so geile Version von mir entwickelt. Ich bin so enttäuscht von mir! Wie kann ich das nur umsetzen?«

Sie ringt mit der Suggestion, dass sie sich in Richtung auf die eigenen Traumbilder entwickeln kann, wenn sie nur die entsprechenden Techniken anwendet und hinreichend Willen investiert. »Gestalte dein Leben so, dass es attraktiv ist und du glücklich wirst!« Dieser *Glückszwang* ist jedoch ein wesentlicher Aspekt der narzisstischen Welt, und er ist durch und durch *destruktiv.*[37] Er dient in herausragender Weise dem Erhalt narzisstischen Leids. Denn das tragische Prinzip dieser Not bleibt erhalten! Statt der frühen Bezugspersonen ist man nun selbst derjenige, *der sich nach einem Bilde formt*, von dem man *denkt*, es sei das eigene. Man denkt in »Versionen« seiner selbst. *Updates der Seele werden zum Lebensprinzip.* So landet man vom seelischen Missbrauch durch andere beim *Missbrauch durch sich selbst.*

Orientiert man sich an einem Ideal seiner selbst, ist man automatisch jeden Tag im Defizit. Da Ideale per Definition unerreichbar sind, weil es immer noch besser geht, ist niemand mit einer solchen Ausrichtung je mit seinen Bemühungen fertig. Man scheitert, weil keine Realität ideal sein kann. Selbst wenn man amerikanischer Präsident geworden ist, ist man nicht frei, sondern muss dies ein weiteres Mal werden, um sich nicht als gescheitert zu empfinden! So ist dies die Tragik der narzisstischen Not: Sie erschafft sich ständig selbst aufs Neue, indem es immer Anlass für Scham gibt. Im Versuch, das Ideal zu verwirklichen, erzeugt man die Minderwertigkeit, die ein Ideal überhaupt erst nötig macht. Wer hingegen mit sich selbst im Frieden ist, *muss* sich nicht verbessern. Er muss sich auch

37 Siehe dazu ausführlicher die israelische Soziologin Illouz und ihre Kollegen (Cabanas, Illouz u. Adrian 2021); ebenso lesenswert, weil die Vermeidung von Schmerz und Not als ein Merkmal der gegenwärtigen Gesellschaft gesehen wird, das Minibuch von Byung-Chul Han zur Palliativgesellschaft (2020).

nicht sagen, dass er besser werden *soll*. Wer mit sich im Reinen ist, erlebt den Moment, und verbessert sich ganz von allein und *spontan* durch die Auseinandersetzung mit der Umwelt.[38]

Selbst*entwicklung* unterscheidet sich elementar von Selbst*verbesserung*. Entwicklung vollzieht sich an Möglichkeiten und Notwendigkeiten, Verbesserung orientiert sich an *Konzepten*. Wer sich entwickelt, macht das aus sich heraus aufgrund innerer Impulse. Wer hingegen einem Ich-Ideal folgt, knechtet sich unter ein Joch von etwas Ausgedachtem. So ist der Spruch »Design your life!« eine andere Formulierung für narzisstische Selbstentfremdung im Deckmantel von Verbesserung.

Wer sich Ziele setzt, erreicht sie oder erreicht sie nicht. Nicht mehr, nicht weniger. Man kann daraus lernen und es beim nächsten Mal besser machen. Wenn Ziele jedoch *an die Identität gekoppelt werden* und dann das Ich-Ideal nicht erreicht wird, drohen Minderwertigkeit und Versagen. Diese Verwechslung von Zielen mit Idealen führt dazu, dass man denkt, narzisstische Persönlichkeitszüge seien nötig, um große Ziele zu erreichen. Aber diese Art von Idealen sind keine sinnvollen Ziele. Schauen wir noch genauer hin.

Ideale für die Zeit: Für immer jung bleiben

> Ein Ehepaar, sie 49, er 55, sitzt in der Paartherapie. Sie sind kinderlos. Sie kamen, weil sie ständigen Streit darüber hatten, wie sie die jeweiligen Aktivitäten im Miteinander organisieren sollten. Er ist aktiver Triathlet und Mountainbiker, der auf Europaebene in seiner Altersklasse Wettkämpfe bestreitet. Das erfordert ein hohes Trainingspensum. Gleichzeitig ist er in hoher Verantwortung bei einem Telekommunikationsunternehmen und politisch aktiv. Sie ist Redaktionsleiterin eines Modemagazins. Harte Workouts, um die Figur zu pflegen, sind für sie heilig. Regelmäßige Termine rund um Schönheit und Wellness sind unverzichtbar. Salsatanzen ist ihre neue Leidenschaft, die gepflegt werden muss. Faktisch sehen sie sich die gesamte Woche nur zum Einschlafen und beim Aufwachen. Am Wochenende ist es kaum anders.
>
> »Nun«, sage ich, »das ist ja recht eindeutig, dass die eigenen Aktivitäten Vorrang vor der Beziehung haben. Wie kommt das

38 Es sei hier an Arnold Beissers Diktum erinnert: »Veränderung geschieht, wenn man wird, was man ist, nicht, wenn man versucht, etwas zu sein, das man nicht ist« (Beisser 1997, S. 144).

eigentlich? Was ist an Ihren jeweiligen Aktivitäten denn so bedeutsam?« Die Frau: »Das geht in unserem Alter nicht anders. Wenn man nicht dranbleibt, verfällt der Körper. Niemand will mich mit Falten sehen!« – »Stimmt«, erwidert der Mann, »das ist so. Wenn ich sehe, wie meine Kumpels mittlerweile mit Bäuchen herumlaufen, dann schockiert mich das. Das wird uns nicht passieren.« – »Aha, das mit dem Älterwerden scheint für Sie beide nicht sehr attraktiv zu sein, oder?!« – »Sie haben Nerven! Alter ist Tod. Das gilt es, solange es geht, hinauszuschieben. Wenn mich Männer beim Salsa ansprechen, halten sie mich oft für 35. Das erzählt mein Mann auch immer gerne bei Einladungen, wie scharf andere Männer auf mich sind.« – »Verstehe. Ist er selbst denn auch scharf auf Sie?« Verlegenes Schweigen.

Zunächst ist hier der innere *Zwang* zu den jeweiligen Aktivitäten entscheidend. Der Verlust der Freiheit, etwas zu tun oder zu lassen, ist grundsätzlich ein Hinweis auf eine seelische Fehlregulation.

Ideale – hier Körperideale – haben einen verhängnisvollen Nachteil: Sie sind *zeitlos* und deshalb für *zeitliche* Wesen ungeeignet. »Forever young« ist kein sinnvoller Wahlspruch für Menschen, die altern und damit unabwendbar runzelig, schwach, zweitrangig, erschöpft, müde und krank werden. Menschen in narzisstischen Nöten, die sich ein zeitloses Gewand zu geben versuchen, kommen in die Krise, wenn sie nicht mehr so tun können, als wären sie noch so jung, schön und leistungsfähig, um mit den wirklich Jungen mitzuhalten. Irgendwann droht das narzisstische Ideal zusammenzubrechen.[39]

Das Problem in solchen Fällen ist, dass die gesamte Identität am Jungsein hängt.[40] Mit alter Haut an den Strand? Undenkbar. Im Freundeskreis zugeben, dass man längst nicht mehr so agil aus dem Bett kommt wie früher? Überhaupt zugeben, dass man kein Konzept für ein erfülltes Leben jenseits von Jugendlichkeit und Leistungsvermögen hat? Lieber so tun, als ob man beim Surfen mit den Söhnen mithalten und im Abendkleid beim Abiturball mit der Tochter konkurrieren kann.

Doch sind solche Körperideale kein Privileg der Älteren. Der Druck auf Jüngere, mit ihrem Körper zu glänzen, ist nicht minder

39 Ein wunderbarer Artikel von Tanja Rest (2023) in der Süddeutschen Zeitung illustriert die Bemühungen von J. Bezos (Amazon), M. Zuckerberg (Facebook) u. a., diesen Prozess auf der körperlichen Ebene durch Muskeltraining aufzuhalten.

40 Eine schöne Beschreibung dazu findet sich unter dem Label »Dorian-Gray-Syndrom« auch bei Wardetzki 2015, S. 97–101.

ausgeprägt. Die Diskussionen um Schönheitsideale – für Mädchen wie Jungs – müssen hier nicht nachgezeichnet werden. Vollends unauflösbar wird es jedoch, wenn das Ideal darin besteht, dass man mit einem unvollkommenen Körper *zufrieden* sein soll.[41] Dann wird Selbstakzeptanz zum Ideal, und man fühlt sich schlecht, weil man sich nicht so akzeptieren kann, wie man ist. So ist für jeden Geschmack – und alle sozialen Schichten – ein Ideal dabei: jung bleiben, versuchen, jung zu bleiben, oder so tun, als ob es einem nichts ausmacht, älter zu werden.

Ideale erzeugen eine nie ruhende Bewegung. So lässt sich die innere Leere füllen. Man wird, was man tut. Man fährt nicht Rennrad, man ist Rennradfahrer. Man isst nicht vegetarisch, man ist Vegetarier. Das muss man dann aber auch beibehalten. Ideale werden wie angeheiratete Namen. Sie markieren eine dauerhafte, zeitstabile Identität. Damit erzeugt man die Gefahr, dass man länger etwas bleibt, als passend oder möglich ist. Vielleicht kennen Sie Beispiele von Sportlern, Künstlern, Medienleuten, Führungskräften, Politikern etc., die den »Absprung« verpasst haben. Sie überleben sich selbst, weil sie die narzisstisch notwendige Ersatzidentität nicht loslassen können. Ohne Bühne kein Ich. Ohne Wettkampf kein Ich. Ohne Gipfelbuch kein Ich. Ohne Begehrtwerden kein Ich. Ohne Kinder im Haus kein Ich ...

Ideale fürs Miteinander: Nie abhängig werden

> Ein junger Vertriebsleiter erzählt mir im Kontext einer Teamentwicklung abends an der Bar schon etwas alkoholisiert, dass er den Job deshalb so gern macht, weil er dabei ständig neue Männer kennenlernt und dann schöne Affären hat. Denn nichts sei schlimmer als so eine öde Dauerbeziehung. Auf meine Frage, was denn so öde daran sei, antwortet er: »Ach, dann muss man ja von sich was erzählen, wenn man heimkommt. Ich soll dann sagen, wie es mir geht, mich öffnen! Da weiß ich nie was zu sagen, und es interessiert ja den anderen auch nicht wirklich!« – »Und wenn es den anderen doch interessieren würde?« Er wirkt traurig: »Oh nein, wenn es wirklich so jemanden gäbe, dann würde der so wichtig werden. Da wäre ich Tag und Nacht in Angst.«

41 Body Positivity ist hier das zu nennende Stichwort.

Die soziale Urangst der narzisstischen Not ist, dass man von anderen Menschen *abhängig* wird. So wird begreiflich, dass Unabhängigkeit in Beziehungen und die Kontrolle anderer ein entscheidendes Ideal von Menschen mit solchen Nöten ist. Nur keine Ohnmacht, nur keine Beziehungen, in denen man die anderen nicht am Wickel hat. Ich hoffe, es wird klarer, warum solche Menschen großzügig, hilfsbereit und sicherheitsstiftend sind. Warum sie oft helfende Berufe wie Arzt, Berater, Seelsorger, Sozialarbeiter anstreben. Warum für sie Rollen mit Macht und Einfluss hohe Attraktivität haben. Warum sie so gut im Verführen anderer sind. Warum sie lieber Follower als echte Freunde haben.

All das kann die Funktion übernehmen sicherzustellen, dass man

- nicht verlassen wird
- nichts von dem inneren Unglück preisgeben muss
- nicht sichtbar wird, woran und wie man leidet und
- möglichst viel Kontrollmöglichkeiten über andere nutzen kann.

Um auf problematische Weise das Gefühl von Unabhängigkeit in Beziehungen aufrechtzuerhalten, eignen sich noch eine Reihe weiterer Mittel. Eins davon ist, immer eine *Alternative in petto* zu haben:

- einen Geliebten oder eine Geliebte neben dem/r Ehepartner(in)
- sich nicht von Tinder abmelden, obwohl das aktuelle Date gut läuft
- Jobangebote sichten, auch wenn man nicht kündigen will
- Geld anhäufen, auch wenn man keins mehr braucht
- die Fähigkeiten ausbilden, zu schwindeln, zu betrügen, zu fälschen oder ein Doppelleben zu organisieren.

Gerade diese vermeintlich schlechten Züge des letzten Punktes sind seelisch motiviert und kein Grund, jemanden moralisch abzuwerten. Sie dienen dazu, Ängste in Schach zu halten. Das macht es nicht besser, insbesondere für die Betroffenen selbst. Sie sind ständig im Stress, dauernd läuft ein Radar, wer von der Fahne laufen könnte, wer einem schaden könnte, wer schon wieder etwas gegen einen unternimmt, wer aus dem Feld geräumt werden muss – all das, weil echte Bindung und Sicheinlassen auf andere Menschen zu gefährlich scheinen.

Ideale fürs Leben: Immer richtigliegen

Ideale lindern das Ausleben narzisstischer Muster noch auf eine weitere Weise. Sie stiften sachliche *Orientierung* in einer komplexen Welt. Man ist im Leben orientiert, wenn man glaubt etwas richtig zu machen. Wenn man »Richtigkeit« nun nicht aus Selbst- und Weltwahrnehmung ableitet und an diskussionsfähigen Zielen orientiert, sondern an Idealen, dann verliert diese Orientierung den Bezug zum Leben.

Nehmen wir drei besonders prägende Ideale in unserer Gesellschaft:

- Das Ideal *»Erfolg«*: Es suggeriert, dass man im Leben etwas richtig macht. Doch schaut man sich an, wie viele zunächst erfolgreiche Menschen scheitern, ihren Erfolg irgendwann bereuen oder meinen, wenn jemand auf einem Gebiet erfolgreich war, wäre er auch eine Autorität auf anderen Gebieten. Erfolgreiche Sportler oder Unternehmer werden dann zu allen Themen interviewt.
- Für das Ideal *»Glück«* gilt Vergleichbares. Wer Glück anstrebt, macht nichts falsch – so eine ebenso oft gehörte wie verhängnisvolle Ansicht. Die Pflicht zum glücklichen Leben ist ein narzisstisches Konzept, da es suggeriert, es würde etwas falsch laufen, wenn man Phasen der Verzweiflung oder des Zweifels hat, wenn man sich schuldig gemacht hat oder Dinge bereut, wenn man sich in Ängsten oder Scham gefangen fühlt etc. All das gehört zum wirklichen Leben aber dazu!
- Das dritte Ideal *»Wahrheit«* durchtränkt unsere Kultur. Wird Wahrheit als Ideal funktionalisiert, schaut es so aus, als könne sie zum Besitz werden. Einmal gefunden, darf man missionieren und anderen deren Überzeugungen ohne Kontakt ausreden.[42] Fehlen aufgrund narzisstischer Not Selbstwahrnehmung und Resonanz auf die Welt, gibt es keine persönliche und situative Grundlage mehr, um herauszufinden, was man möchte. Dieser Mangel wird auch hier durch *gedachte* und an der Attraktivität abgelesene *Konzepte* ausgeglichen. Das führt dazu, dass Menschen in narzisstischer Not glauben, immer recht zu haben. Und wenn sie nicht recht haben, dann ist eben 2+2 auch mal 5.

42 Gaslighting nennt man es, wenn dies in extremen Formen narzisstisch ausgelebt wird.

Meeting im Ministerium eines deutschen Bundeslandes. Die Frau Ministerin kommt verspätet und leicht gehetzt. Auf der Tagesordnung steht ein äußert heikler Punkt: Eine Entscheidung der Ministerin, die sie vor 8 Wochen gegen die Empfehlung sämtlicher Fachabteilungen getroffen hatte, hat sich im Vollzug des Erlasses als rechtswidrig herausgestellt. Es droht eine öffentliche Blamage, sollte die Presse Wind davon bekommen.

Voller Zorn überzieht sie genau die Personen mit Anschuldigungen, die ihr vor Wochen den Unsinn nicht auszureden vermochten. Voller Verblüffung registrieren alle Anwesenden, dass sie nun genau für das beschuldigt werden, was die Ministerin (!) wollte. Sie redet sich in Rage, weil niemand auf sie gehört hat und sie sich dann verhängnisvollerweise dem Rat der Referenten angeschlossen hat. »Und – man sieht – jetzt haben wir den Salat.«

Ein besonders mutiger und älterer Referatsleiter weist in ruhigem Ton darauf hin, dass der Sachverhalt im entsprechenden Protokoll der Sitzung etwas anders dokumentiert sei. »Wollen Sie mir jetzt noch sagen, ich würde mich falsch erinnern oder ich sollte fehlerhafte Protokolle bei all dem Stress noch persönlich gegenlesen? Ist doch nicht zu fassen, Sie alle hier haben mich ins Messer laufen lassen.«

Ideale, die Wahrheit verbürgen wollen, sind deshalb problematisch, weil sie Resonanz verhindern. Die Ministerin nimmt nichts wahr, sie *weiß*. Sie kann die Atmosphäre, die Gesichter etc. nicht deuten. Sie lebt in ihrem eigenen Film, in dem die Hauptdarstellerin immer recht hat. Denn: Es ist immer schon geklärt, was gut ist. Das macht »wahrheitssichernde« Ideale – nicht nur im narzisstischen Kontext – so anziehend. Man muss sich nicht mehr mit der Ambivalenz der Welt auseinandersetzen, man darf das, was nicht dem Ideal entspricht, einfach bekämpfen oder ignorieren.

Die Folge ist, dass »Wahrheit« nicht mehr kritisierbar ist. Kritiker werden so zu Gegnern, oft zu Feinden, die man vernichten oder denen man zumindest schaden darf. Auf keinen Fall kann man sie noch als jemanden ansehen, von dem man etwas lernen könnte. So schließen sich Menschen in narzisstischen Nöten zu *Überzeugungsgemeinschaften* zusammen. Sie bewegen sich sehr viel mehr als andere in »Kommunikationsblasen«. Dort wird das, was sie sowieso schon wussten, permanent bestätigt. Waren das früher der Stammtisch oder die Parteifreunde, sind es heute die sozialen Medien, die den kommunikativen Spiegel bilden, aus dem immer der herausschaut, der hineinschaut. Man sieht sich selbst. Die Wahrheit als Ideal wird monoton und monochrom.

Ideale fürs Grundsätzliche: Der spirituelle Quickie

Es wäre ein eigenes Buch nötig, wenn man den Zusammenhang von narzisstischer Not und dem Erfolg und der Verbreitung von spirituellen Methoden untersuchen würde. Wer früher einen spirituellen Weg gehen wollte, musste die Ernsthaftigkeit seiner Absicht unter Beweis stellen. So gab es in den katholischen Klöstern eine herausfordernde »Probezeit«, das Noviziat. Besonders drastisch und eindrücklich sind die Erzählungen im Buddhismus: Bodhidharma soll sich seine Augenlider ausgerissen haben, um während der Meditation nicht einzuschlafen. Sein Nachfolger, Huike, wurde erst dadurch, dass er sich den Arm abhackte, als Schüler Bodhidharmas akzeptiert. Heutzutage braucht es nur Geld, um sich einem der vielen Angebote anzuschließen, die versprechen, über Achtsamkeit, Yoga und Selbstliebe die Alleinheit zu erfahren.[43] Der alte Spruch des Zen-Buddhismus: »You have to be somebody, before you can become nobody« gilt nicht mehr als relevant. Noch bevor ein »Ich« sich gebildet hat, soll es schon in der Grandiosität der Erleuchtung aufgehen. Das zieht Menschen mit fehlender innerer Orientierung unglaublich an. Die narzisstische Attraktivität, die Versprechungen dieser Art haben, ist überhaupt nicht zu überschätzen.

Wenn man also solche Not erhalten und pflegen möchte, dann ist man bei derartigen Angeboten goldrichtig. *Erlösung als Quickie* – das ist der Köder für Menschen, die von klein auf mit dem Versprechen zu kämpfen hatten: »Richte dich nach *mir* und meinen Vorschlägen, und du findest Erleuchtung.« Das kosmische Feeling, das Einswerden mit sich selbst, das Ende aller Zerrissenheit, das ozeanische Gefühl, mit allem verbunden zu sein – all das ist erreichbar, wenn man nur den verkündeten Regeln folgt.

43 Als wirklich nur ein Beispiel von Hunderten hier ein kritischer Bericht eines Betroffenen: Gommel 2023a.

Das Besondere daran: Es hält die Aggression und Wut – also berechtigte Gefühle aufgrund des emotionalen Missbrauchs, den narzisstisch leidende Menschen erlitten haben – in Schach. Denn die Hauptsache in vielen derartigen »spirituellen« Angeboten ist das Motto: Alles geht sanft und mit Liebe. Man muss begreifen, dass dies eine Grandiositätsidee ist. Nicht, weil an Liebe etwas falsch wäre, sondern weil man sich suggerieren lässt, dass mit Liebe alles lösbar und dass Liebe zudem einfach in einem wachzurufen wäre. Der Verlust von echten Liebesgefühlen ist aber doch Teil der narzisstischen Not – denn die Form der im narzisstischen Brutkasten gelernten »Liebe« ist ja gerade keine echte Verbundenheit!

Alle nichtnarzisstischen Angebote zur spirituellen Entwicklung sind Wege, in denen man sich zunächst mit dem Scheitern auseinanderzusetzen hat. Machbarkeitsvorstellungen im Hinblick auf glückendes Leben und narzisstische Not sind austauschbare Phänomene. Erleuchtung ist ein Widerfährnis. Versprechungen und spirituelle Praxis schließen sich aus. Allein am Merkmal »Versprechungen« kann man erkennen, dass es sich vermutlich um einen narzisstischen Fliegenfänger handelt.

Man fühlt sich gekränkt

Kränkungen sind für alle Beteiligten kleine oder größere Tragödien.[44] Dennoch werden sie in ihren Wirkungen weit unterschätzt, sonst wären sie vielleicht nicht so alltäglich. Sie sind allerdings auch so häufig, weil sie ein wichtiger Bestandteil sind, wie Menschen sich in ihrer narzisstischen Not stabilisieren, indem *sie andere Menschen beschämen, und gleichzeitig (!) sich in vielen Situationen selbst über alle Maßen gekränkt fühlen*.

Will man sich also mit eigenen narzisstischen Mustern auseinandersetzen, kann man sich damit beschäftigen, wie man erlittene Kränkungen verarbeitet und wie sehr man in sozialen Situationen – insbesondere Konflikten – dazu neigt, andere zu beschämen. Menschen in narzisstischer Not können sich daran erkennen, dass sie das sind, was man gemeinhin »nachtragend« nennt. Jeder erlebt

44 Leser, die diese Thematik in allen Facetten – nicht nur in Bezug auf narzisstisches Leid – interessiert, sei das Buch von F.-M. Staemmler, *Kränkungen: Verständnis und Bewältigung alltäglicher Tragödien* (2020) besonders empfohlen.

es, dass er von anderen bloßgestellt, falsch verstanden, hintergangen, verraten oder ähnliches wird. Das ist im Leben nun mal so. Zum Problem wird es, wenn man dies innerlich oder äußerlich nicht mehr »loswird«. Damit ist gemeint, dass man grübelt, die Situation immer wieder imaginativ aufruft, auf Rache sinnt, im Schmerz badet, beleidigt ist und dann im Außen Rache übt, dies anhaltend tut, sich in seiner Beziehung schweigend und lang zurückzieht und damit den anderen zu bestrafen sucht. Das Wesentliche daran ist der mangelnde Abschluss. Man kann es weder auf sich beruhen lassen, noch kann man verzeihen, den Kontakt beenden oder sich trennen. All das können Hinweise darauf sein, dass die Kränkung die eigenen idealen Selbstvorstellungen beschädigt hat. So nimmt ein narzisstisch leidender Mensch es dem anderen übel, mit der Diskrepanz zwischen dem, wie er sein möchte und wie er vom anderen dargestellt wurde, konfrontiert zu sein. Nur damit kein Missverständnis entsteht: Dies ist für alle Menschen unangenehm, aber für Menschen in narzisstischer Not ist es eine Katastrophe, die nicht endet. Wer sich also leicht als Opfer erlebt, Hinweise auf Überempfindlichkeit hat und Rachegelüste nicht mehr loswird, kann hier seine Selbstreflexion mobilisieren.

Zugleich ist es vordergründig ausgesprochen merkwürdig, dass die gleichen Menschen oft selbst in die »Täterrolle« gehen. Andere lächerlich zu machen, auf deren Kosten Witze zu reißen, sie der Inkompetenz zu bezichtigen, ihre Fehler auszuschlachten, die wunden Stellen auszunutzen, über Unabänderlichkeiten zu lästern (z. B. Aussehen, Hautfarbe, Andersartigkeiten, Herkunft usw.) – all das nutzen Menschen in narzisstischen Nöten aus, um sich selbst Bedeutung und Vorrang zu geben. Da man sich schlecht in andere einfühlen kann und gleichzeitig vergisst, wie empfindlich man selbst ist, hat man wenig Hemmungen. Die eigene Aggression gilt also nicht dem Erhalt von Grenzen oder der Untermauerung von Bedürfnissen, sondern dient der sozialen »Verdunkelung« des anderen, um selbst im besseren Licht dazustehen oder um Aufmerksamkeit zu erhalten. »Lieber einen Freund verloren als eine Pointe ausgelassen!«, so formulierte es mal ein Klient. Es gibt Menschen, die führen die eigenen Kinder und Partner auf Festen vor, um die Lacher auf ihrer Seite zu haben.

Wer solche Züge bei sich kennt, könnte anfangen, sich zu fragen, welchen Nutzen solche Verhaltensweisen erfüllen. Manchmal kann man dies gar nicht so leicht erkennen, sondern denkt sich eben nichts dabei oder findet so etwas nicht so schlimm. Gerade dann wäre das jedoch ein Anlass, weitere Selbsterforschung zu betreiben.

4 WAS MUSS MAN TUN, UM AN DER NARZISSTISCHEN NOT ANDERER SELBST ZU LEIDEN?

Narzisstische Muster lassen sich sehr effektiv zur Verführung und Ausbeutung anderer nutzen. Und doch – man muss es im Auge behalten – gehören auch zu einer narzisstischen Ausbeutung *zwei* Beteiligte. Jede und jeder kann im Folgenden prüfen, wie sie/er dazu beiträgt, dass durch sie/ihn die Selbststabilisierung von narzisstischer Not ein Umfeld findet, in der sie funktioniert und gedeiht.

Die Frage lautet also: Wie muss man sich innerlich organisieren, um mit hoher Wahrscheinlichkeit unter den Folgen narzisstischer Nöte von anderen selbst zu leiden? Wie macht man sich zur Beute? Ist jeder gefährdet, oder gibt es seelische Muster, die uns blind dafür machen, auf wen wir uns einlassen? Wie kommt es, dass manche Menschen von narzisstischen Nöten anderer fast magisch angezogen werden?

Lassen Sie uns die wichtigsten seelischen Verfassungen erörtern, die zum Leiden am Narzissmus anderer befähigen.

Man sucht Anerkennung

Kinder und Jugendliche müssen Anerkennung erfahren. Sonst können sie Anerkennung nicht verinnerlichen. Sie lernen dann nicht, wie es ist, sich selbst wertzuschätzen. Diese Fähigkeit zur Selbstachtung ist bei sehr vielen Menschen mehr oder weniger stark beeinträchtigt. Dadurch geraten sie besonders leicht in die Abhängigkeit von der Wertschätzung anderer. Dieser Zusammenhang hat uns schon in Kapitel 1 (s. S. 20) beschäftigt. Wie wichtig er ist, kann man daran erkennen, dass er nun auch auf der anderen Seite von Bedeutung ist.

Wollen Sie einen Moment innehalten?

- Gibt es Personen, auf deren uneingeschränkte Wertschätzung Sie gar nicht verzichten könnten?
- Haben Sie Menschen in Ihrem Umfeld, bei denen es Ihnen Angst macht, wenn diese Sie kritisieren?
- Gibt es welche, deren Wertschätzung Sie unbedingt gerne hätten und bei denen Sie viel versuchen, um diese zu bekommen?

Wenn Sie da fündig geworden sind, sind Sie an dieser Stelle grundsätzlich auch anfällig für narzisstische Vereinnahmung. Wieso?

Kurz zur Wiederholung: Die einzige Person, die Sie als Erwachsenen verlässlich wertschätzen kann, sind Sie selbst. Wenn jemand anderes das für Sie tun soll oder muss, geraten Sie in Abhängigkeit. Das ist in den meisten Fällen nicht weiter schlimm, da viele Menschen gern Anerkennung geben – das ist soziale Neigung. Darum fallen Selbstwertprobleme – man hat zu wenig Selbstliebe – oft nicht so auf. Wir helfen uns meist gern untereinander aus und gehen nicht zuletzt deshalb enge Beziehungen ein. Aber solche inneren Defizite sind das Einfallstor für narzisstische Manipulation. Menschen in narzisstischen Nöten sind nämlich besonders gut darin, anderen Wertschätzung zu geben – *vorausgesetzt*, sie wollen etwas von ihnen. Sie ertasten seelisch, wo der andere für Komplimente, Zuspruch, Bestätigung und Lob nicht nur empfänglich ist, sondern wo er danach hungert, weil er sich dies bei den fraglichen Aspekten selbst nicht geben kann. Da liegt nun eine denkbar dysfunktionale

»Passung« vor: Ich gebe dir, was du brauchst, und du findest mich *als Gegenleistung* großartig! Denn wer möchte nicht von jemandem geschätzt werden, den er als attraktiv, brillant, klug, erfolgreich, reich, witzig, unterhaltsam etc. empfindet. Schaut man sich die Attribute an, die Menschen auf Partnerportalen, Tinder u. Ä. von sich behaupten oder suchen, dann sind es oft die eben genannten. Menschen in narzisstischen Nöten positionieren sich sehr häufig so – jedenfalls in der oben geschilderten erfolgreichen Variante. Werden Sie von so jemandem umgarnt, dann werden Sie auf den Schmeichler vermutlich mit Sympathie reagieren. Es gefällt Ihnen, so jemandem zu gefallen. Daran ist nichts Verwerfliches. Es bleibt allerdings die Frage: *Wem soll es dienen?*

> Eine Klientin berichtet: »Ich war eine junge neue Mitarbeiterin im Marketing. Probezeit. Eine graue Maus, unsicher und zurückhaltend. Auch wenn ich glaubte, eine gute Idee zu haben, hielt ich sie für gewöhnlich zurück. Da kam dieser neue Chef. Er fragte im Meeting freundlich nach meiner Meinung, er griff meine Vorschläge auf, er ermutigte mich in den One-to-Ones. Ich bekam mehr Selbstvertrauen. Ich fing an, mich besser zu kleiden. Er machte nette Bemerkungen dazu. Ich dachte, er mochte mich. Dann kam dieser Teamworkshop, der Abend an der Bar. Wir beide blieben übrig. Er wollte mit mir auf sein Zimmer. Ich fiel aus allen Wolken. Ich fand ihn als Mann vollkommen uninteressant – wie alle anderen Frauen im Team auch. Klar schlug ich sein Ansinnen aus. Vier Wochen später erhielt ich die Kündigung.«

Menschen in narzisstischen Nöten sind selten absichtslos. Sie handeln mit Bedacht, inszenieren ihr Drehbuch und positionieren die Figuren auf dem Schachbrett. Sie warten auf die richtige Stellung im Spiel. Denn Sie brauchen selbst den Sieg und die Niederlage des anderen. Sie suchen Bestätigung ohne wirkliche Nähe – den Applaus, die geile Nummer, die kurze Affäre, das schnelle Geld. Wer im Umfeld solcher Not diese Funktionen nicht sieht und sie für echtes Interesse, echte Liebe, echtes Engagement, echte Unterstützung, echte Hilfe, echte Förderung hält, nährt diese Not und stürzt sich selbst ebenfalls ins Unglück. Unecht ist es, weil es nicht den Bedürfnissen wie Nähe, Einzigartigkeit oder Freiheit dient, sondern der Verschleierung der inneren Leere. Damit geht immer eine mehr oder wenig deutliche Kontaktlosigkeit einher. Der Chef in obigem Beispiel hatte vermutlich keinen Wunsch nach einer ebenbürtigen Beziehung, in der beide sich fallen lassen können und den anderen halten. Hätte die Frau nicht eine gut integrierte Psyche gehabt, wäre es ihr schwerer gefallen, Nein zu sagen. Vielleicht hätte sie es dann ihrerseits genutzt, um sich aufzuwerten und sich schöner oder wichtiger zu fühlen, als ihre Kolleginnen. Dann hätte sie selbst narzisstische Nöte in sich getragen und diese durch eine Affäre mit dem Chef gemildert. So hätten beide einander benutzt. Aber auch, wenn ihr der Chef als Mann gefallen und sie die Nacht mit ihm verbracht hätte, wäre sie für den Vorgesetzten ein Mittel zum Zweck gewesen, seine Einsamkeit und Isoliertheit zu verschleiern. *Sie hätte seine Leere gefüttert* und wäre selbst bei vollem Körpereinsatz einsam geblieben.

»Was muss ich tun, um anderen zu gefallen?« ist eine Frage, die sich auch Menschen stellen, die nicht in narzisstischen Nöten gefangen sind, sondern eher selbstunsicher, ängstlich und in inneren Konflikten verstrickt sind. Selbstunsicherheiten suchen sich narzisstische Nöte, und narzisstische Nöte saugen sich an Selbstunsicherheit fest. So wie Schlüssel und Schloss – perfekt. Auf Basis solcher Muster werden Ehen geschlossen, Arbeitsverträge unterzeichnet, Koalitionen aller Art besiegelt, Sportlerkarrieren aufgebaut, Künstler und Schauspieler gefördert.

Darum könnte man sagen: Wer immer Sie umgarnt, Sie umwirbt, Sie fördert und Ihnen Aufmerksamkeit schenkt: Genießen Sie es. Und seien Sie nie naiv! Bleiben Sie achtsam, ob es wirklich *Ihnen* gilt oder ob *Gegenleistungen erwartet* werden, die bei Nichtgewähren zu Beleidigtsein oder Kritik führen. Achten Sie darauf, ob die Wertschätzung auch erhalten bleibt, wenn Sie eher unauffällige oder hässliche Seiten von sich zeigen. Seien Sie vorsichtig, wenn Sie das Gefühl haben, eher *Fan sein zu sollen* als ein Gegenüber.

Am meisten aber achten Sie bitte darauf, sich von der Anerkennung eines anderen Menschen nicht abhängig zu machen. Das schadet Ihnen und dem Gegenüber.

Man will retten

Es ist nun aber ein Irrtum zu meinen, dass es nur selbstunsichere Personen wären, die sich zum Opfer narzisstischen Missbrauchs machen. Mindestens ebenso häufig sind es besonders feinfühlige, emotional kluge und wache Personen. Zählen Sie sich dazu? Wunderbar! Aber Sie sind möglicherweise gefährdet, sich von narzisstisch geprägten Menschen anziehen zu lassen. Wie aber kommt das? Manche Menschen glauben, »Narzissten« retten zu können. Und warum will man sie retten? Weil man es von klein auf gelernt hat. Wer lernt so etwas?

Jedes Kind möchte die Eltern lieben. Was aber geschieht, wenn die Eltern sich selbst nicht lieben? Dann können manche Kinder instinktiv versuchen, diesen Mangel an Selbstliebe der Eltern auszugleichen, indem sie alle ihre Liebe in die Waagschale werfen. Ihre Feinfühligkeit nutzen sie, um herauszufinden, was den Eltern guttut bzw. wie man sie erreichen kann. Die werden ihrerseits zum fürsorglichen Elternteil! Weil die Eltern sich aber abschotten (z. B. als Folge von Kriegstraumata, Leistungsorientierung, Abwesenheit, Wochenbettdepression), steht das Kind vor einem großen, großen Rätsel bzw. einer fast unlösbaren Aufgabe: »Wie kann ich ihr/sein Herz schmelzen?« wird zur entscheidenden Frage.[45] Dieser Versuch, den eisernen Käfig zu erweichen, wird zur eigenen Überlebensbedingung. Diese Fähigkeit, die unausgedrückte Liebe anderer aufzuspüren, wird dann für viele zur Falle, weil sie dies in nahen und wichtigen Beziehungen wiederholen. Unnahbare, attraktive und oberflächlich humorvolle Frauen und Männer werden besonders attraktiv.

> Eine Klientin sagte mal in Bezug auf ihren Partner: »Zu allen anderen war er grundsätzlich kühl und herablassend. Aber ich konnte spüren, was er brauchte. So meinte ich, sein Herz zu gewinnen. Aber ich sah nicht, dass dies nur möglich war, weil ich mich ihm unterwarf, weil ich ihm die Sachen abnahm, die er nicht mochte, weil ich ihm eine Familie schenkte, mit der er glänzen konnte, weil ich ihm vorspielte, wie gut er im Bett war. Er ließ mich fallen, als ich mich selbst nicht länger aufgeben wollte.«

---

45 Siehe dazu allgemeinverständlich auch Röhr 1999; Bly 2022; zur männlichen Verleugnung von Depression kann man sich hier einlesen: Real 1999.

Dass sie schon als Kind versucht hatte, sich die Zuneigung des Vaters zu »erlieben«, wurde ihr im Verlauf unserer Arbeit klar. »Narzisstenretter« wie diese Frau gibt es in vielen Formen und bei allen Geschlechtern. Sehr kalte und unnahbare Frauen und Männer haben oft sehr liebenswürdige, einfühlsame und sanfte Ehepartner, die sich von ihnen alles gefallen lassen.

Das Motto des hier bevorzugten Beziehungsmusters ist einfach zu benennen: »Den Menschen, die uneingestanden einsam sind, muss ich meine Liebe schenken.« Damit werden narzisstische Nöte zum Magneten. Sie verlieren das Abschreckende, und die antrainierten Rettungsversuche nehmen ihren Gang. Die tiefliegende narzisstische Unerreichbarkeit, die – wie schon dargestellt – die Folge von Resonanzmangel ist, wirkt magisch anziehend. Wie aber können Einsamkeit und Verschlossenheit attraktiv sein? Nun, sie sind es, weil es wiederum die Grunderfahrung vieler Menschen ist, dass die eigenen frühen Bezugspersonen unerreichbar waren. So entsteht der Traum einer symbiotischen Verschmelzung mit dem Menschen, der Sicherheit geben könnte.

- Kennen Sie solche Anwandlungen?
- Versuchen Sie, Menschen mit narzisstischen Zügen eine Heimat zu geben?
- Mögen Sie es, wenn Sie jemand Unnahbaren plötzlich im Kontakt mit Ihnen weich erleben?

Dann könnte es sich lohnen, das Motiv für diese Selbstverleugnung zu erforschen.

Man hofft wider alle Hoffnung

Man kann schlicht an die Falsche, an den Falschen geraten. Das passiert im Leben. Das Erstaunliche in narzisstischen Kontexten ist – privat wie beruflich –, dass viele in einen Zustand kommen, in dem sie sehr wohl deutlich spüren, dass sie schlecht behandelt werden. Sie erleben, dass vom Zauber des Anfangs nichts mehr übrig ist. Eigene Bedürfnisse dürfen keine Rolle mehr spielen. Sie fühlen sich ausgesaugt. Trotz all dem brechen sie die Beziehung oder das Arbeitsverhältnis aber nicht ab. Das bedarf einer Erklärung.

> Eine Rechtsreferendarin im Wasserwirtschaftsamt beklagt sich, dass ihre Chefin sie immer mit zu vielen Aufgaben belastet. So arbeitet sie fast jedes Wochenende durch. Wenn sie es anspricht, zeigt sich die Chefin hoch einsichtig, gelobt Besserung und – es passiert nichts. Nach jedem Gespräch glaubt die Referendarin jedoch, dass sie diesmal mit ihrer Botschaft durchgedrungen ist. Die folgende Enttäuschung erklärt sie sich selbst immer mit Sonderumständen, die das Einhalten der Abmachungen erschwert haben. Das dient dazu, ihr Bild aufrechtzuerhalten, dass es andere Menschen doch gut mit ihr meinen müssen, wenn sie sich nur entsprechend anstrengt.
>
> Schlussendlich kündigt sie und übergibt der Chefin das Schreiben. Ungläubig schaut diese auf den Kündigungsbrief und bricht dann in Tränen aus: »Das können Sie mir nicht antun. Ich habe doch nur Sie. Sie sind die einzige Stütze in dem verdammten Team. Bitte, ich schaffe das nicht ohne Sie.« Nach einigem Hin und Her nimmt die Referendarin die Kündigung zurück. Am nächsten Tag erfährt sie, dass die Chefin den Kollegen erzählt hat, sie haben einen üblen Erpressungsversuch – durch Kündigung, um von schwierigen Aufgaben entbunden zu werden – zurückgewiesen. Die Referendarin fällt aus allen Wolken.

Haben Sie ähnlich gelagerte Fälle bei sich oder anderen schon erlebt? Man spricht immer wieder neu etwas an, kurzfristig ändert sich auch etwas, und der andere bemüht sich besonders. Jedes Mal entsteht neue Hoffnung auf Änderung, aber sobald man sich wieder »beruhigt hat«, beginnt das Ganze von vorn. Jedes Mal wird man aufs Neue enttäuscht.

Wer bei diesem Spiel mitmacht, wird aufgerieben. Narzisstisch leidende Menschen sind perfekt im »Anfüttern« von Hoffnungen bei anderen, um sie anschließend wieder zu frustrieren. Das liegt daran, dass sie nicht ausreichend Empathie entwickelt haben, um sich vorzustellen, dass jemand unter ihrem Verhalten *wirklich* leidet. »Ist doch nicht so schlimm!« Wer schon als Kind immer getragen wurde, wenn er müde war, immer zu essen bekam, wenn er hungrig war, immer mit »seinen« Wünschen die Priorität hatte, der entwickelt kein Gefühl für das Eigenleben anderer. Narzisstisch leidende Menschen sehen ihre Partner so wie die Eltern, die sich für einen aufgeopfert haben – als bedürfnis- und seelenlose Erfüllungsgehilfen. Da der drohende Verlust der Kontrolle über den Partner allerdings Angst macht, sind sie *einsichtig*, wenn sie auf ihre Egozentrik angesprochen werden. Aber solche Menschen *erschrecken* in der Regel nicht darüber, wie schlecht es dem anderen geht, bzw. erfassen nicht, was sie ihm antun. Etwaige Entschuldigungen bleiben blutleer, sie bedeuten nichts, weil sie keinen Bezug zu einem Gefühl von Bedauern haben. So ändert sich nichts. *Einsicht reicht nicht.*

Darum tut man gut daran, skeptisch gegenüber eigenen Besserungserwartungen zu sein, wenn man in solchen Verhältnissen steckt. Denn: Die Hinhaltetaktiken sind raffinierter, als man vielleicht glauben möchte.

Man ängstigt sich vor Aggressivität

Zu Recht haben viele Menschen Angst, anderen, die sich in narzisstischer Not befinden, die Treue, Gefolgschaft und Loyalität aufzukündigen. Diese Angst ist leider oft begründet. Das macht es auch so schwer, in Fällen von Abhängigkeiten (Arbeitsstelle, Geld, Kinder, Wohnung etc.) diesen Schritt zu tun. Man ahnt, dass man einer kalten, unberechenbaren Rache ausgeliefert sein könnte.

Gerade deshalb: Wer seine Angst zum Anlass nimmt, keine Trennung zu vollziehen, wird weiter leiden (müssen). Die Angst vor der Aggressivität *anderer* nimmt ab, wenn man Zugang zur *eigenen* Aggressivität hat.

Hier ist es wichtig zu erkennen, dass die eigene Angst das Einfallstor für die Macht ist, das Menschen in narzisstischen Nöten zielsicher finden. Die narzisstische Karriere besteht ja – wie schon mehrfach benannt – darin, dass solche Menschen von klein auf die Gefühle anderer geradezu hellsichtig erfassen können. Daher wissen sie, wie man anderen Angst macht. Ihr Radar zeigt ihnen präzise an, wo der andere verletzbar ist und was er am meisten fürchtet.

Eine besonders infame Form der Aggression findet sich in diesem Beispiel.

Ein Ehepaar ist in der Paarberatung. Beide sind das zweite Mal verheiratet. Beide haben Kinder aus erster Ehe und ein gemeinsames. Die Frau ist öffentlich bekannt. Er ist Anwalt und so mäßig erfolgreich, sehr attraktiv, eingebildet. Die Frau überlegt seit zwei Jahren, sich zu trennen. Er ignoriert das, nimmt es nicht ernst bzw. umsorgt sie vorübergehend verstärkt. Ansonsten muss sich alles um ihn drehen. Seine Vorlieben, Hobbys, Wünsche und Abneigungen dominieren das Familienleben. Die gemeinsame Tochter vergöttert er. Letztlich ist er mit ihr »verheiratet«. Die Frau verhungert emotional und steht stark unter Stress.

Als sie in den letzten Monaten mit ihrer Absicht, sich zu trennen, deutlicher wurde, drohte er, ihr das Kind wegzunehmen, und auch sonst alles, was ihr lieb und teuer ist. Staranwälte gehören zu seinen Freunden. Das macht der Frau Angst, auch wenn sie ihm die Drohkulisse nicht so ganz abnimmt. Als sie ihm das sagt, bricht er vollkommen zusammen. Tränen fließen, Liebesbeteuerungen füllen den Raum. Sie bleibt begreiflicherweise unberührt. Auch ich erlebe seine Szene als »Show«, die den eigentlichen Schmerz, den er in sich trägt, nicht ausdrückt. Auch der Zusammenbruch ist ein Manipulationsmittel, das ist spürbar. Er merkt, dass auch das nicht fruchtet. Da richtet er sich auf, wird kalt und hart: »Dann bin ich neugierig, wie du Lisa (der Tochter) beibringen wirst, dass ich mich wegen deiner Freiheitsideen umgebracht habe. Von der Reaktion der Medien mal ganz abgesehen.« Die Frau erstarrt ebenfalls und sitzt wie gelähmt auf dem Stuhl.

Die Aggression muss also nicht zwangsläufig in aktiver Form ausgelebt werden. Oft sind die passiven Formen – »Wenn *du* gehst, tue ich *mir* etwas an!« – die wirksameren. Wer möchte die Last eines angeblich von ihm verschuldeten Selbstmords tragen? Aber auch mildere, mehr oder weniger ausgesprochene Varianten wie »Ich werde meine Arbeit aufgeben!«, »Ich werde krank werden« oder »Ich werde verkümmern und verwahrlosen!« sind nicht weniger brutal. In solchen Drohungen muss man die darin liegende Aggression sehen können. Das fällt vielen nicht leicht. Genau das aber ist wichtig, da man sonst aus der (manipulativen) Gewalt solcher Beziehungen nicht herausfinden kann.

Daraus lässt sich ein einfacher Zusammenhang ableiten: Wer viele unbearbeitete Ängste in sich trägt, ist besonders gefährdet, sich unter narzisstisch leidenden Menschen aufzugeben und selbst zu verlieren. Gleichzeitig sind die ängstlichen Seiten in einem selbst für die Versprechungen, die aus narzisstischer Not erwachsen, besonders empfänglich. (Etwas) übertrieben gesagt lautet die Botschaft: »Wenn du bei mir bist, dann bist du sicher, hast du Anteil an meinem Erfolg, schaffe ich dir alle Schwierigkeiten vom Hals, und du musst keine Sorgen mehr haben.« Wer könnte von sich sagen, dass man so etwas nicht gern hört?

So ist es wichtig, sich vor Augen zu führen, dass dies ein Trick ist, der der oben benannten Kontrolle dient und in die Abhängigkeit führt. Das Leiden kommt später verlässlich hinzu.

Man bewundert

Über die Funktion von Idealen, narzisstische Not zu erhalten, habe ich schon geschrieben. Ideale haben allerdings bei unserem Thema noch eine weitere Funktion. Sie haben einen Sog, dass man die Ideale einer narzisstisch leidenden Person für sich selbst unreflektiert übernimmt. Das hängt mit der schon benannten Orientierungsfunktion von Idealen zusammen. Wer sich nicht auf seine Selbstwahrnehmung und -einschätzung verlässt, sondern versucht, sich im Außen zu orientieren, der wird immer irgendwo eine Person in narzisstischen Nöten finden, die Großartigkeit und Weltrettungsformeln verspricht.

In der klassischen Beschreibung der Psychologie von »Narzissmus« spielt dabei der Begriff *erweitertes Selbst* eine große Rolle. Damit ist gemeint, dass Menschen in narzisstischen Nöten andere als Teil ihrer selbst ansehen, quasi wie zusätzliche Organe, um das eigene Wohlbefinden zu sichern. Dazu eignen sich – nebenbei bemerkt – auch Haustiere, Oldtimer, Kunst, Weinberge oder Weinkeller. »*Meine* Autobahn«, sagte mal ein Klient, der täglich pendelte, zu mir, als er sich beschwerte, dass dort mal wieder Stau war. Genauso kann man sagen »mein« Groupie, »meine« Skipiste, »meine« Partei, »mein« Team, »mein« Amerika.

Wenn man nun der »richtigen« Partei beitritt, dem »wahren« Guru folgt, auf die »mega« Influencerin hört, dann stimmt man einer solchen »Inbesitznahme« zu. Man verkauft sich als Anhänger und gewinnt vermeintliche psychologische Sicherheit. Man bedient narzisstische Strategien eben genau dadurch, dass man sich beeindrucken und vereinnahmen lässt. Der Platz im erweiterten Selbst fühlt sich kuschelig an. Er verbürgt Zugehörigkeit. »Ich bin dabei!« Aber wobei?

Schaut man genauer hin, kann man nämlich feststellen, dass man dadurch »Teil« von Menschen wird, die in narzisstischer Form die Abhängigkeit und Bewunderung anderer nutzen, um Pseudonähe und Bestätigung zu finden. Der Deal geht so, dass man als Anhänger und Bewunderer sagt: »Wenn ich mich an ihrer/seiner Großartigkeit orientiere, dann bin ich sicher, auf der richtigen Seite zu stehen.«, während der narzisstisch leidende »Große« sagt: »Wenn andere sich an mir orientieren und mir anhängen, dann muss ich jemand Großartiges sein.« Dieses sich gegenseitig stabilisierende Arrangement ist perfekt. So bilden sich Seilschaften und Karriere-Cliquen in Organisationen, politische Kampfgruppen, symbiotische Ehen, Protestbewegungen und parteipolitische Clans um Führerfiguren.

Das Leidpotenzial auf der Seite der Anhänger liegt in der Auswechselbarkeit, die für jede Person im erweiterten Selbst von narzisstischer Not zutrifft. Jede solche »Vereinigung« ist darauf angelegt, in einem oft unvermittelten Beziehungsabbruch zu enden. Wenn Anhänger nicht mehr nur zu Diensten sind, sondern zu selbstständig werden, werden sie abgewertet und zumeist fallengelassen. Zählen Sie die ehemaligen treuen Diener eines amerikanischen Präsidenten, die mittlerweile von ihm beschimpft werden.

Alle, die für einen (narzisstisch) Wichtigen wichtig werden wollen, gefährden sich also selbst. Narzisstisch leidende Personen nutzen solche Wünsche aus. Sie infiltrieren andere, indem sie Köder legen: Aussicht auf einen gemeinsamen »Sieg«, die Realisierung einer großartigen Idee, die Rettung der Welt, die Etablierung einer perfekten Familie mit den schönsten Kindern, die atemberaubendste Show, den weltweiten Durchbruch, den unvergesslichsten Sex usw. Teilhabe an Sieg, Erfolg, Reichtum und Schönheit, die Sicherheit der Zugehörigkeit zu etwas Bedeutsamen – das steht in Aussicht. Solche Versprechungen und Verführungen sind Meisterwerke der

Manipulation. Wer sich dorthin begibt, wird es mit hoher Wahrscheinlichkeit bitter bereuen.

So gilt es, sich auch einer etwas bitteren Wahrheit zu stellen. *Verführer brauchen jemanden, der sich verführen lässt.* Wer eine Teilhabe am erweiterten Selbst eines Menschen in narzisstischer Not attraktiv findet und dies aus freien Stücken tut, kann erforschen, welche wahren Motive ihn dazu verleiten. Es ist z. B. nie nur die Begeisterung für eine gute Sache, die dafür verantwortlich ist. Meist ist es auch die Aufladung mit Wichtigkeit und Richtigkeit, mit Anerkennung und Bestätigung, die damit einhergeht. Wenn man das in der Form braucht, ist möglicherweise auch das eigene Seelengerüst nicht ganz stabil. Denn die Ausbeutungsintelligenz, die narzisstische Nöte an den Tag legen, ist in unserer Gesellschaft so allgegenwärtig und so mächtig, dass man eigentlich in der Schule lehren sollte, wie man diese Verführungsmacht und -anfälligkeit (für sich) erkennen und ihr widerstehen kann.

Man leidet beim Trittbrettfahren

Eines der vordergründigen Rätsel ist, dass Menschen in narzisstischer Not so oft und so lange von Anhängern, Groupies, Mitarbeitern und Partnern und Partnerinnen umgeben sind. Wie kommt es, dass die narzisstischen Muster auf solche Weise bestärkt werden? Was geht in Menschen vor, die

- dieser Not in anderen so unverbrüchlich die Treue halten
- sich ausbeuten lassen
- schlechte Behandlung tolerieren
- Missbrauch jeglicher Art bagatellisieren und
- sich passgenau im hohlen narzisstischen Zahn einrichten.

Eine weitere Erklärung lässt sich finden, wenn Sie sich an den Abschnitt über die erfolglose Form der narzisstischen Not erinnern: Was tut man, wenn man selbst nicht die Kapazität für den Nobelpreis hat? Man wird Assistent von einer anderen Person, die es werden könnte. Was macht man, wenn man selbst nicht die Tour de France gewinnen kann (aber möchte)? Man kann »Helfer« werden.

Wer sich nicht selbst die Mega-Karriere zutraut, tritt in den Dunstkreis von einem ein, der es vollbringen wird. »Die Boygroup unseres CEOs« nannte mal ein Personalchef eines Dax-Konzerns eine solche Entourage von Mitarbeitern. Auch im Umfeld mächtiger Politiker finden sich reichlich Leute, die Kärrnerarbeit machen.

Besonders verbreitet ist diese Variante, unter der narzisstischen Not eines anderen zu leiden, in Partnerschaften. Dazu komme ich im nächsten Kapitel ausführlich zu sprechen. Vor 50 Jahren waren es mehr Frauen, die sich den Doktortitel »angeheiratet« haben. Heute sind es auch Männer, die der Gründerin als »moderner Mann« zur Seite stehen und die Kinder wuppen. Daran ist nichts problematisch, solange es aus innerer Freiheit geschieht. Wenn es allerdings zur ungünstigen Bewältigung seelischer Nöte dient, ist es für alle Beteiligten fatal. Denn die Nöte aller werden größer, die Kinder leiden, weil sie Bestandteil des narzisstischen Projekts werden müssen etc.

Erfolglose und *erfolgreiche* narzisstisch leidende Menschen bilden leicht Schicksalsgemeinschaften[46], die sehr stabil sein können, weil für beide Seiten die Alternativen so bedrohlich sind.

> Der Bereichsleiter eines Konzerns kommt wegen Burn-out. Er hat seine ganze Berufslaufbahn mit »seinem« Produktionsvorstand verbracht. Er war schon in dessen Team, als dieser Teamleiter war. So sind sie miteinander aufgestiegen. Er wurde immer »mitgenommen«. Er hat sich aufgeopfert, wann immer Kohlen aus dem Feuer zu holen waren. Gab es Fehler seines Vorgesetzten zu decken oder zu vertuschen – er war zur Stelle. »Ich hätte es nie so weit gebracht! Aber ich kann nicht mehr. Mir wächst alles über die Ohren, und der Druck lässt nicht nach.« – »Dann könnte Ihre Erschöpfung doch ein guter Ausweg aus der verfahrenen Situation sein, oder!?« – »Das kann ich mir und ihm nicht antun. Ich darf jetzt nicht ausfallen. Ich bin es ihm schuldig, gerade jetzt, wo er öffentlich so am Pranger steht.« – »Was würde denn geschehen, wenn Sie nun einfach nicht mehr könnten?« – »Dann würde mein Nachfolger alle möglichen Leichen im Keller entdecken. Ich würde nie mehr etwas Vergleichbares finden. Und mein Vorstand wäre aufgeschmissen, weil er niemandem vertrauen kann.«

Ein Ausstieg aus solchen narzisstisch fundierten Schicksalsgemeinschaften ist zumeist auf beiden (!) Seiten mit großen Verlusten im

46 Immer noch lesenswert dazu: Willi 1983, S. 65–88.

Außen wie im Innen verbunden. Man muss sich eingestehen, wie viel an Energie und Lebenskraft in Fassadenbau und -erhalt geflossen ist. Die Erkenntnis, wie man das Leben im Kampf um Bedeutsamkeit aufgebraucht hat und wie fremd man sich in all dem geblieben ist, kommt noch hinzu. Oft wird dann bewusst, wie sehr die Jahre von Selbstquälerei bestimmt waren, wie wenig echte Lebensfreude dabei im Spiel war, wie viel Angst und wie viel Scham man wegen all der Leichen im Keller in Schach halten musste. Da kann man schon verstehen, dass die Betroffenen das Spiel auch noch weiter am Laufen halten wollen, auch wenn der Akku leer und das Herz verarmt ist.

Der Selbstmissbrauch ist deshalb so stabil, weil er so viel Schlimmeres, wie eben aufgelistet, zudeckt. Wenn Menschen sich schlecht behandeln (lassen) oder in schädlichen Umgebungen verharren, dann, weil sie glauben, damit noch Unangenehmeres verhindern zu können. Narzisstisch begründete Ängste können so schlimm sein, dass Menschen eher an Selbstmord denken als an die Möglichkeit, sich diesen Ängsten zu stellen.

Das ist deshalb naheliegend, weil sie die Erfahrung, dass sie mit Angst nicht allein sein müssen und von anderen aufgefangen werden können, so gar nicht kennen. Wer wirkliche Hilfe nicht kennt, der sucht keine bzw. glaubt nicht, dass es sie geben könnte. Darum behelfen sich Menschen ohne Hoffnung auf Begegnung oft mit Abwertungen gegenüber allem, was mit Psychologie, Psychotherapie und Coaching zu tun hat: »Nutzt doch alles nichts und kostet nur Geld und Zeit!«

5 WAS MUSS MAN TUN, UM IN PAARBEZIEHUNGEN NARZISSTISCH ZU LEIDEN?

Ein besonders relevantes Feld, in dem sich narzisstische Nöte ungünstig stabilisieren, sind Paarbeziehungen. Auch dort bilden sich die eben genannten Schicksalsgemeinschaften. Die Möglichkeiten, sich in »gut« funktionierenden Schlüssel-Schloss-Verbindungen wechselseitig zu *gebrauchen*, sind vielgestaltig. Ich möchte vier besonders bedeutsame Varianten skizzieren, um auch in diesem Lebensfeld zu sensibilisieren, dass das vermeintliche »Normale« eben gar nicht so günstig ist. Im Gegenteil: Es stellt häufig gelebtes narzisstisches Leid dar.

Man pflegt Grandiosität

Das erste Paarbeziehungsmuster, dem ich mich zuwenden will, besteht darin, dass die Idealität nicht nur auf die Einzelperson, sondern auf die Beziehung ausgedehnt wird. *Das grandiose Paar*!

> Das Paar beeindruckt andere. Der Blick von außen: Beide sind schön, beide sind erfolgreich, die Kinder sind artig und wohlerzogen (aber unbeliebt), sie haben einen erlesenen Geschmack, kultivierte Hobbys,

sind gewandte Kommunikatoren, pflegen regelmäßig Einladungen. Ein gut bestückter Weinkeller und eine perfekt ausgestattete Küche zeugen von gehobenen Ansprüchen – und all das ist auf subtile Weise seelenlos. Man spürt: Das Leben ist für die beiden ein Projekt, eine Art Ausstellung, ein Arrangement, das sich jederzeit dafür eignet, fotografiert zu werden. Alles ist am richtigen Platz, alles passt, nichts schmutzt. Im Miteinander geben sich der Mann und die Frau das, was in einer »guten« Ehe zu erwarten ist. Man bestätigt sich, schmückt sich mit dem anderen und ist froh über all die Features, die es erlauben, sich und anderen zu sagen, wie großartig die Partnerschaft und der Partner/die Partnerin ist. Klar – man sieht sich manchmal wenig, da ja jeder mit so Wichtigem beschäftigt ist. Man tut sich leicht, miteinander Pläne und Vorhaben zu entwickeln, weil beiden wichtig ist, das Leben auf der sonnigen Seite zu verbringen. Einziges Manko: Die Kinder werden gehänselt und gemobbt, wo immer sie in Gruppen sind. Das führt die beiden zu mir.

Der Blick ins Innere der Beziehung, mit dem die Paarberatung aufgrund dieser Mobbingerfahrungen der Kinder beginnt, trübt diese Verhältnisse dann von Gespräch zu Gespräch ein. In den Sitzungen wird beiden zunehmend bewusster, wie sehr sie füreinander »Lieferanten« für Anerkennung sind. Er spielt den Mann, den Liebhaber, den Vater, den Berufstätigen, der er glaubt, für die Frau sein zu müssen. Sie spielt die Frau, die Mutter, die Liebhaberin, die sie ihrerseits glaubt, ihm bieten zu müssen. Erschreckend tritt den beiden vor Augen, dass sie sich bislang eher wie zwei Attrappen begegnen, die sprechen und handeln können, aber sich nie ernsthaft nahe sind. So blieb ihnen nur die gemeinsame Orientierung an Äußerlichkeiten, und sie berauschten sich am grandiosen Lebensstil, am äußerlich Schönen und Beneidenswerten.

Bei beiden werden Ängste vor Enttarnung und vor Geschehnissen spürbar, die sich nicht beherrschen lassen. Aus diesem Grund war es dem Paar so wichtig, ein Musterexemplar von perfekten Eltern zu werden, die alles unter einen Hut bekommen: Karriere, Kinder, Beziehung, Hobbys. Man ist pädagogisch up to date und ist voller verinnerlichter *Konzepte* über gute Elternschaft. So wurden die beiden zu Vertretern der viel genannten »Helikoptereltern«: Die eigenen Kinder müssen vor allem Unheil bewahrt werden, und genau dadurch bringt man tragischerweise ein besonders großes Unheil in ihr Leben. Denn andere Kinder riechen es, wenn sie auf Verhätschelung treffen.

Lassen Sie uns dieses Miteinander sorgfältig auswerten. Schauen wir zunächst auf die Frau. Deren eigene Mutter war abhängig vom Mann, hatte ein geringes Selbstwertgefühl und fand ihr Leben weitgehend sinnlos. Die Tochter sollte deshalb alles (!) anders machen. Das Ideal, mit dem sie groß geworden war, bestand in dem »Auftrag« ihrer Mutter, unbedingt ein Leben ohne Abhängigkeiten zu leben, viele Kinder zu haben und es natürlich selbst »zu etwas zu bringen«. So herrscht in der Frau die grandiose Vorstellung, dass man in allen Rollen gleich gut – erfolgreich – sein *muss*: als Frau, als Geliebte, als Mutter, im Beruf und in gesellschaftlichen Rollen. Der eigentliche Auftrag ihres Lebens lautet, den mangelnden Selbstwert oder den Sinnverlust der Mutter mit einem *fantastischen* Leben auszugleichen. Fantastisch wird es nicht nur durch hohe Leistung, sondern ihr Leben muss zu »Ansehen« und »Neid von anderen« führen. Fehlendes »Ansehen« war die Lieblingsklage der Mutter. Wer kein Renommee erlangt, hat Grund, sich zu schämen.

Das ist ein häufiger Aspekt von narzisstischer Not bei solchen »Erfolgspaaren«. Die Vermeidung von Scham bildet eines der Kernmotive im gemeinsam gestalteten narzisstischen Beziehungsmuster. So war es für die Frau unabdingbar, das perfekte Bild nach außen abzugeben und sich gegenüber anderen abzuheben. Da passen Kinder, die gehänselt und exkludiert werden, ganz und gar nicht rein. All das gelingt ihr nur durch enorme Härte gegen sich selbst und rigoroses Vermeiden von Schwächen. Sie gesteht sich im Beratungsprozess zögerlich ein, wie abwertend sie anderen gegenüber ist, besonders zu anderen Frauen: »Ach, damit hast du Probleme?«, »Das muss man so machen, sagt die XY. Kennst du sie denn nicht? Das ist *die* angesagte Autorin zu dem Thema in Amerika!« oder »Um Himmel willen, dahin fährst du in Urlaub? Da sind doch Hinz und Kunz!« Ein ausgesprochen wirksames Mittel, um der eigenen Scham zu entkommen, ist Verachtung, die sich auf alles richtet, was nicht perfekt ist. Der bittere Zug, der sich in ihrem Gesicht ausgebreitet hatte, war nicht zu übersehen.

Da ist es nun verführerisch und naheliegend, mit Gegenverachtung zu reagieren.[47] Vielleicht können Sie die Not hinter der Fassade

47 Viele halten gleichzeitig eine gewisse Faszination aufrecht. Man kann aus dieser Ambivalenz auch Kapital schlagen und eine Marke bilden: Die Geissens (s. Geissen 2023).

einer Frau erahnen, die versucht, ein Drehbuch zu leben, das andere für sie geschrieben haben? Vielleicht wittern sie die Einsamkeit, die es erst möglich gemacht hatte, einen Mann zu heiraten, der seinerseits einsam ist, und der ebenfalls seine Wünsche nach Nähe und Hingabe vergraben musste?

Bei dem Mann war die narzisstische Not etwas anders gelagert. Was ist seine Geschichte? Er war als Junge der Hoffnung der Eltern ausgesetzt, er möge zum »Helden« werden, was eine Umschreibung dafür war, dass er möglichst allein und ohne emotionale Wärme klarkommen musste. Früh wurde er gut im »Posen«, im lässigen »work hard, play hard«. Triathlon verbunden mit Karriere war sein Ding. All diese Anstrengungen riefen nach Entschädigung durch eine perfekte Frau, perfekte Kinder und perfekte Bezahlung. Alles – Frau, Kinder und Geld – standen für ihn somit in einer Reihe. Allesamt waren es Schmuckstücke auf der Bühne seines Lebens. Als ihm dies in der Beratung bewusst wurde, breitete sich große Trauer in ihm aus. Die Trauer verstärkte sich, als er mitbekam, dass er es gar nicht aushalten konnte, liebevoll angeschaut zu werden.

Das, was er von ihr kannte und brauchte, war bis dahin: Bewunderung! Diese bekam er reichlich, und er zahlte sie mit Bewunderung – nicht mit Liebe (!) – zurück.[48] Sein Herz war ihm unzugänglich, da er darauf kein Echo bekommen hatte. Denn auch er wurde schon als Kind bewundert – »Was für ein hübscher Junge!« – und nicht von Herzen geliebt. Dieser Unterschied zwischen Bewunderung (manchmal bis hin zur Verehrung) und Liebe ist für das Verständnis der Not solcher Menschen und ihrer Beziehungen unabdingbar. Sie suchen Rampenlicht, Macht, Einfluss, Größe, Bedeutung und Reichtum. Sie wissen aber nicht, was sie selbst ohne all das Beiwerk liebenswert machen könnte – sie schämen sich ihrer selbst. So sind sie in der perfekten Beziehung mit der perfekten Frau und den perfekten Kindern und sind aufgeschmissen, wenn es dann – wie in diesem Fall – irgendwo aus dem Ruder läuft.

Wo ist der Ausgang aus diesem Muster? Frauen wie Männer, die von klein auf der Sinn und das Glück ihrer Eltern sein mussten, lernen in der Regel kaum, sich *hinzugeben*. Hingabe bedeutet nämlich,

48 Narzisstische Not kennt Liebe nur in Verbindung mit symbiotischen Absichten und der Abhängigkeit davon, Erwartungen zu erfüllen. Absichtslose Liebe ist etwas, was viele meiner Klienten sich gar nicht innerlich vorstellen konnten.

nicht darauf zu achten, wie man ist, wenn man sich dem anderen zeigt. Der andere darf *alles* sehen, hören und spüren, weil man sich in guten Händen weiß. Wer jedoch schon von der Wiege an gelernt hat, ein Schmuckstück sein zu sollen, welches die Eltern glücklich und stolz macht, der wird seine Schattenseiten und Unzulänglichkeiten immer und immer versuchen zu verbergen. Auch und gerade vor dem Partner/der Partnerin und den Kindern.

Damit ist auch der erste Schritt einer möglichen Veränderung vorgezeichnet. Für beide Partner in einer solchen Beziehung gilt es zu lernen, darauf zu verzichten, dass sie ein ideales Bild von sich aufrechterhalten. Stattdessen braucht es ein Interesse daran, die eigene Unvollkommenheit selbst wahrzunehmen. Oder noch deutlicher: Es geht darum, sich dem anderen auf eine Weise zu zeigen, dass man sich währenddessen dabei schämt. Existenzscham ist ein passendes Wort für einen solchen Zustand. »Sie erkannten einander und sahen, dass sie nackt waren!«, heißt es von Adam und Eva. Genau darum geht es: *In seelischer Nacktheit miteinander schwingen.*

Vielleicht können Sie aufgrund solcher Formulierungen ein wenig verstehen, wie hoch in aller Regel der Druck ist, im *alten* Muster zu bleiben. Selbst den Beziehungsabbruch von Kindern oder alten Freunden nimmt man in Kauf – und das nur, um keine Selbstscham zu empfinden. Daher trennen sich solche Paare meist auch, wenn die gemeinsame Bühnenshow nicht mehr funktioniert. Auch wenn nur eine(r) von beiden das Thema angeht und statt eines idealen ein echtes Selbst zu leben beginnt, ist es alles andere als sicher, dass auch der oder die andere sich davon anstecken lässt. Die Sehnsucht nach tiefer Verbundenheit mit anderen Menschen, die nicht auf Vorleistungen und Beeindrucken beruht, ist oft weit hinter der narzisstischen Scham vergraben.

Das genannte Paar ist ein Beispiel dafür, dass es gelingen kann. Dieser Weg allerdings forderte beiden alles ab. Ein wichtiger Motivator waren die Kinder. Wenn Eltern *für sich* seelisch etwas tun, statt den Kindern perfekte Bedingungen schaffen zu wollen, beginnt der Weg der Besserung für alle Beteiligten.

Man sucht Dominanz

Die zweite narzisstisch geprägte Beziehungsform, auf die ich Sie aufmerksam machen möchte, ist davon geprägt, dass einer der Partner den anderen konsequent und massiv emotional sowie kognitiv dominiert. Jede solche *Beherrschungsbeziehung* lebt davon, dass einer – in dem gleich folgenden Beispiel ist es der Mann – die Verhältnisse definiert und die Wahrheit bestimmt.

> Vor mir sitzt ein Paar. Wir reden seit 10 Minuten miteinander. Die Frau hat außer »Guten Tag!« bislang nichts gesagt. Irgendwann merke ich, dass das nicht von selbst geschehen wird. »Jetzt habe ich ja schon eine ganze Menge von Ihrem Mann gehört. Insbesondere auch, dass in erster Linie Sie diesen Termin wollten. Erzählen Sie mir doch mal: Wie ist aus Ihrer Sicht die Beziehung, und was führt Sie hierher?«
>
> Sie holt tief Luft, schleicht sich mit ein paar unverfänglichen Sätzen an, und dann poltert es im Stakkato aus ihr heraus: »Er sagt, wo es langgeht. Er kennt sich immer und mit allem besser aus als ich. Er kontrolliert mich. Er wertet alles von mir ab, was seinen Wahrheiten widerspricht. Wenn ich ihm widerspreche oder mich widersetze, straft er mich durch Ignorieren.« – »Oh, und darf ich denn auch wissen, was Sie dann jeweils tun?« Sie zögert und sagt dann: »Ich lasse ihn machen! Meist hat er ja auch recht.«

Damit eine solche Beziehung zustande kommt und auch erhalten bleibt, ist das Verhalten der Frau allerdings genauso entscheidend wie das des Mannes – ich hatte den Zusammenhang von nichtpassender Täter-Opfer-Logik weiter vorne im Buch schon angeführt (s. Kap. 4, S. 70). Hier lautet der zirkuläre Bezug: *An-Sager brauchen Ja-Sager*. Solche Dominanz-/Unterwerfungskommunikationen gibt es in fast allen Beziehungen. Das ist normal und nicht weiter beachtenswert. Zum Symptom einer narzisstischen Not wird es, wenn es dauerhaft, erbarmungslos und öffentlich praktiziert wird. Besonders jedoch gilt es, sich anzuschauen, wie Konfliktsituationen gestaltet werden. Der »eiserne Biss« wird oft im Streit erst richtig sichtbar. Der dominierende Teil kennt mit dem anderen kein Pardon: Abwertungen, Beschämungen, Herabwürdigungen und offene Bedrohungen sind übliche und vor allem schnell geäußerte Stilmittel. »Bitte, wenn du meinst, mich kritisieren zu müssen: Du kannst ja mit den Kindern aus dem Haus ausziehen. Tu dir keinen Zwang an. Du wirst schon in der Gosse dein Auskommen finden!«

Zurück zum Beispiel. Schauen wir auch hier in Bezug auf beide Partner sorgfältig an, wie die narzisstische Beziehung zusammenhält. Zunächst zum Mann: Was muss jemand erlebt haben, um für die eigene Einsamkeit in einer solchen Herrscherrolle dermaßen blind zu werden? Wieder begegnet uns eines der schon bekannten narzisstischen Grundmuster in Bezug auf Resonanz. Der Mann wurde als Kind so lange in seiner Person ignoriert, bis er lernte, seine gesamte Aufmerksamkeit auf die Effekte seiner Handlungen zu richten: Wie kann ich die Umwelt in meinem Sinne beeinflussen? Wie ziehe ich Aufmerksamkeit auf mich? Wer von klein auf lernt, dass menschliches Leben darin besteht, allein zu sein, der versucht, das Beste daraus zu machen, indem man den Fokus nur auf die eigenen Belange richtet. Andere werden Mittel zum Zweck. Wer schon mal gesehen hat, wie Kindergartenkinder mit leerem Blick, abschätzig und herablassend auf andere Kinder und auf Erwachsene reagieren und nur ihre eigenen Interessen sehen, der kann sich ein Bild machen.[49] Es sind Kinder, die sich nichts mehr sagen lassen, weil sie keine Verbindung zu anderen Menschen erfahren haben. Kinder, die sich als Mittelpunkt der Welt sehen und doch letztlich nur verloren versuchen, in der Welt draußen die Bedeutung zu finden, die sie sich innerlich selbst nicht geben können. *Mit einer Seele im Koma muss man zum »Bestimmer« seiner Umwelt werden*, wenn man einigermaßen zurechtkommen möchte.

So lebte auch dieser Mann ein Schicksal, in dem er den Glauben aufbaute, dass immer da, wo er steht, vorne ist. Um sich in dieser Verblendung nicht zu sehr verunsichern zu lassen, musste er sich eine Beziehung (und einen Beruf) suchen, wo er dominieren konnte. *Wer anschafft, weiß, dass es ihn gibt*, weil er dies an seinen Wirkungen glaubt erkennen zu können. Man sieht: Die Not hinter solchen Verhaltensweisen ist durchaus existenziell.

Nun zur Frau im Beispiel. Warum ordnet sie sich so unter? Auch hier muss man eine große innere Not vermuten, die dann sekundär durch das Zusammensein mit einem »An-Sager« gelindert wird.

49 Für die Fachleute: Ein wichtiger Faktor dabei ist, dass die Mentalisierungsfähigkeit nicht oder nur unzureichend ausgebildet wird (s. Fonagy 2003).

Anders gesagt: Das Problem ist für sie die Lösung. Ich bin immer wieder überrascht, wie viele Menschen – sie ist ein Beispiel dafür – mir begegnen, die eine traumatische Geschichte mit seelischer Verfremdung hinter sich haben. Der emotionale Missbrauch, den insbesondere Frauen von Müttern mit narzisstischen Zügen erlebt haben, ist manchmal schier nicht zu fassen. Es gibt Mütter, die sind wie Marionettenspielerinnen, die ihre Töchter als erweiterten Raum der eigenen Seele ansehen. Sie sind abwechselnd bedrängend und dann wieder bedürftig und enttäuscht, dass die Tochter nicht immer schon ahnt, was sie braucht. Die doppelte Botschaft der Mutter, die die Frau im Beispiel für sich herausarbeitete, lautete: erstens die Aufforderung »Lebe so, wie *ich* es für richtig halte!« und gleichzeitig zweitens »Du sollst im Leben etwas *Eigenes* zustande bringen!« Also: »Lebe *dein* Leben, so wie *ich* das will, und halte das für *deine* Entscheidung!« So war sie immer verwirrt, unklar und unsicher. Sie wurde vorsichtig und unbeholfen.

Das bereitete sie auf das Zusammenleben mit ihrem Mann »perfekt« vor. Sie traute sich selbst nichts zu und war darin geübt, sich an der nächststehenden Person – also nach der Mutter nun am Mann – zu orientieren. Sich selbst zu vertreten würde einem Verrat am anderen gleichkommen. »Wenn ich mich durchsetze, dann hält der andere es nicht aus. Zudem kommt sowieso nichts Gutes dabei heraus.« Diese ihre Überzeugung war nicht primär eine gedankliche, sondern eine emotionale: »Wenn ich allein für mich bin«, sagte die Frau in einem der späteren Gespräche, »weiß ich, was ich draufhabe. Dann durchschaue ich meinen manipulierenden, herrschsüchtigen Mann. Kaum bin ich mit ihm zusammen, kollabiere ich, fühle mich leer und finde keine Antwort auf noch so sinnlose Argumente. Ich bin dann wie ausgeknipst und fühle mich nur noch dafür verantwortlich, dass es meinem Mann gut geht.«

Wenn zwei Menschen zusammenfinden, die beide kein inneres Recht spüren, das eigene Leben zu leben, dienen solche Beherrschungsbeziehungen in ganz besonderem Maße dazu, das Meer an innerer Verzweiflung zuzudecken. Ich kenne nur wenige Fälle, in denen die Partner zusammen aus diesem Meer ans rettende Ufer ihrer Daseinsberechtigung gekommen wären. Meist sind es die Angepassten, die irgendwann fliehen. Ob sie sich durch die Flucht auch Selbstberechtigung erarbeiten, ist dabei ungewiss. Manchmal landen sie in Verbitterung und einsamen Lebensentwürfen, bisweilen abgemildert durch Freundschaften mit Schicksalsgenossinnen und -genossen.

Man lebt Beschämung

Nun zum dritten Muster, bei dem es um »Beschämungspaare« geht. So nenne ich das Phänomen, wenn ein Teil des Paares – meist die Frau – emotional sehr ausdrucksstark ist, und der andere Teil – meist der Mann – hochgradig emotional beherrscht ist. Sie sucht »Intensität«, er pflegt die »Vernunft«. Er jongliert – äußerlich gesehen unbeteiligt – ihre gefühlsseitigen Zustände, sie pendelt zwischen Zugewandtheit, Trauer, Verzweiflung, Ohnmacht, Angriff und Liebe. Er quält sie, ohne es zu wollen und zu wissen. Hinter all dem stecken bei beiden sehr oft frühe Kränkungen und damit unbewusste Scham. Neuerlich landen wir also im narzisstischen Leid.

Ich schildere im Folgenden, wie verhängnisvoll es ist, wenn schamvolle Urerfahrungen das Zusammenleben prägen. Ein besonders schlimmes – ggf. auch für die zugehörigen Kinder – fatales Drama.

> Der Mann imponiert seiner Umwelt. Er ist beherrscht, kommt gut allein klar, sucht Macht und glänzt intellektuell. Die Frau ist aufgedreht, begeisterungsbereit, unternehmungslustig, hat ständig Menschen um sich, redet viel und klug. Sie haben sich verliebt, weil sie sich verstehen. Er mochte ihre Lebendigkeit – weil dies etwas ist, was ihm fehlt. Sie mochte seine beherrschte und herrschende Art – weil sie ihr fehlt. So werden sie ein Paar, wo jeder viel Raum hat, seine Wege zu gehen. Sie animiert ihn zu Kontakten, er macht mit und pflegt Beruf sowie Hobbys. Dort ist er perfekt, macht keine Fehler, weiß, was zu tun ist. Er scheut alles, wo er inkompetent sein könnte, bzw. baut in allen Bereichen rasend schnell Kompetenz auf. Er kennt sich aus – egal, was man ihn fragt. Am Anfang gefällt ihr das, aber es nutzt sich ab. Sie fühlt sich zunehmend klein und unfähig an seiner Seite. Sie lässt ihn machen und nimmt es ihm mehr und mehr übel. Sie fühlt sich nachrangig in seinem Leben, mehr und mehr allein. In den Konflikten – die häufiger werden – versucht er,

sofort Lösungen zu finden und sie ihr anzubieten. Die Lösungen liegen auf der Verhaltensebene (»Dann versuche es doch mal so!«), nicht in Einfühlung und Empathie. Das verstärkt ihre Einsamkeit. Sie wird wütend über seine glatte Oberfläche. Sie schreit, tobt und stampft. Er zieht sich zurück, schweigt, setzt eine genervte oder abfällige Miene auf, verlässt das Haus oder geht zum Sport. Sie weint und ist verzweifelt. Die Kinder werden ihr emotionaler Trost. Sie verliert ihr Frausein und wird seelisch wie körperlich ganz Mutter. Er tröstet sich mit Außenbeziehungen, mit meist jüngeren, lebendigen, sexuell aktiven Frauen. Was ihn hält – wenn ihn etwas hält –, sind die Kinder, da er auch als Vater perfekt sein möchte. Eine Trennung wäre auch nach außen eine Niederlage, die er gern vermeiden möchte. So pflegen die beiden ein Anklage- und Vergeblichkeitsmuster: Sie will ihn erreichen, er will sich schützen.

Doch woher kommen der Eifer und die Energie auf beiden Seiten, alles zu tun, nur sich nicht mit den eigenen Motiven hinter all dem zu beschäftigen? Das liegt eben an der tiefen, aber recht unterschiedlichen Scham, die beide prägt.

Zunächst zur Erinnerung und zur Wiederholung narzisstischer Leidentwicklung: Es braucht kontinuierliche Resonanz und ein verlässliches Echo auf die Lebendigkeit des Babys, damit ein Kind die sichere Erwartung ausbildet, dass es in der Welt willkommen ist. Es gibt zwei Hauptformen aufseiten der Eltern, wie sie diese Resonanz schuldig bleiben: entweder durch eine depressive Art, dem Kind zu begegnen – also Aufgabe der eigenen Lebendigkeit –, oder durch einen emotionalen Missbrauch, also die Erwartung gegenüber dem Kind, dass dieses für die Behaglichkeit der Eltern da sein soll. Das Baby wird so von Anfang an benutzt, um das Wohlbefinden der Mutter/des Vaters zu stärken. »So, wie ich bin, so will mich keiner haben!« ist die Leitüberzeugung, die sich im Kind bildet: »Ich muss leiser/lauter/ruhiger/aufgeweckter/langsamer/schneller/zufriedener/forscher/aktiver/geduldiger etc. sein!« *Das wird als zutiefst beschämend erlebt.* Scham für das eigene So-Sein, das nur zur Enttäuschung der Eltern gereichte, wird so zum grundlegenden Lebensgefühl.

Mit diesem Zusammenhang vor Augen wird das Verhalten der Frau im Beispiel begreifbar. Es bildet den untauglichen Versuch, einen solchen frühen emotionalen Missbrauch zu bewältigen! Sie sucht sich verhängnisvollerweise – weil sie nichts anderes kennt – einen emotional resonanzlosen Mann und versucht, diesen seelisch zu erreichen. So wiederholt sich das Drama, welches schon in der Wiege stattfand. Sie versucht alles an emotionalem Ausdruck, um ein passendes Echo zu bekommen. Es geht also nicht um fehlende Liebe und Nähe, sondern um ein fehlendes Gegenüber! Weil sie dies gewohnt ist, ist sie gut darin, diese Leerstelle zu ertragen, und *denkt, dass es normal ist, wenn Männer nichts spüren*. So wird die eigene Lebendigkeit neuerlich beschämt und benutzt. Da die Frau es selbst aber auch nicht gelernt hat, mit anderen Menschen zu »schwingen«, hat sie keine Worte für ihre Unzufriedenheit. So wird sie unleidlich. Anders kann sie sich nicht mitteilen. So tut sie selbst eine Menge dafür, dass die Beziehung leer bleibt und der Mann sich immer weiter abkapselt.

Emotionaler Missbrauch spielte auch beim Mann eine entscheidende Rolle. Seine Tragik trägt aber andere Züge. Er bekam sehr viel Resonanz und Echo. Viel, ausgeprägt und verlässlich – leider nur nicht darauf, dass es ihn gibt, sondern dafür, dass er »liefert«. Dieses Liefern kann in Begabung, Schönheit, Intelligenz, Einfühlsamkeit, Anschmiegsamkeit, Liebenswürdigkeit usw. bestehen. In seinem Fall war es seine Klugheit. Er lieferte gute Noten. Die Eltern freuten sich. So einfach war das. Auch dies kann tiefe Existenzscham auslösen. Sie geht mit der Überzeugung einher: »Wenn ich einfach nur da bin, bin ich nicht genug! Meine Wünsche zählen nicht!« Auf diese Weise bilden sich Sekundäridentitäten. Der Stolz auf sich selbst besteht dann darin, dass man das, was erwünscht ist, besonders gut liefert und sich damit identifiziert. »Ich bin meine Intelligenz!« Genau das tat dieser Mann.

Mit einer solchen Grunderfahrung kann der Mann die Unzufriedenheit seiner Frau nicht verstehen. Denn er spürt noch nicht einmal sein eigenes Unglück. Er leidet in gewisser Weise nicht und meint, ihr alles zu geben. Seine Seele, die er ihr vorenthält, hat er selbst nie wahrzunehmen gelernt. So bezieht er die Unzufriedenheit seiner Partnerin nicht auf die Leerstelle, die er darstellt, sondern auf die vermeintlich fehlende Passung oder den Verlust der Liebe. Diese

Deutung der Situation ist für ihn Gift. Es beschämt ihn nämlich, dass er trotz all der Anstrengungen in Ohnmachtsgefühlen landet und sich so nur als »nicht liebenswert« erleben kann. Äußerlich gerät er in eine ausweglose Lage: Er kann die Frau weiter ertragen und aushalten – ohne dass dies zu etwas nützlich sein wird –, oder er kann sich gekränkt zurückziehen – und verstärkt dadurch den Teufelskreis in der Beziehung. So ist der Wechsel zu einer neuen Partnerin naheliegend, die »unverbraucht« im Hinblick auf seine Unerreichbarkeit ist und die sich mit der generösen Fassade eines »Sugardaddy Lovers« zufriedengibt. Ein oft gewählter, ungünstiger Ausweg.

Scham ist heikel. Nur wenige Menschen haben das Gespür, dass der Weg zu einem glücklichen Leben und einer ebensolchen Beziehung nur über dieses so unangenehme Gefühl geht – wenn man sich aus narzisstischen Nöten befreien möchte. Viele vermeiden jedoch ein Leben lang, sich mit Schamgefühlen und damit ihren existenziellen inneren dysfunktionalen, narzisstischen Mustern zu beschäftigen. Wer aus einem Beziehungsmuster wie dem hier vorgestellten herauskommen möchte, kommt um eine Psychotherapie nicht herum. Mit Selbsthilfe und besseren Vorsätzen ist hier meist wenig zu erreichen. Aber auch beim Psychotherapeuten sind Schamgefühle etwas, an das man sich langsam und oft langwierig heranarbeiten muss. Dazu braucht es Ausdauer und Zuversicht.

Letztere ist aus meiner Sicht begründet. Wer sich auf alte, tief im Körper abgespeicherte Schamgefühle einlassen kann, wird entdecken, wie wunderbar einfach das Leben sein kann. Man spürt eine Gelassenheit und ein inneres Getragensein, das es einem ermöglicht, die Wünsche anderer Menschen anzuerkennen, ohne sie befriedigen zu *müssen* und ohne sich davor zu schützen. Die eigene Bedürftigkeit verliert zugleich ihre Bedrohlichkeit und kindliche Dringlichkeit, sie wird zu einem Quell bereichernder Kontakte mit anderen Menschen.

Man benutzt einander

Die letzte hier zu schildernde Form, wie Menschen einander benutzen, um sich in ihrer narzisstischen Not einzurichten und gleichzeitig unter ihr zu leiden, besteht im Zusammenschluss zweier, die auf sexuelles Begehren setzen, um sich von ihrem Leid abzulenken.

> Ein Herzchirurg und die Besitzerin eines Kosmetikunternehmens sitzen vor mir. Sie haben seit 15 Jahren eine »Affäre« miteinander, von der die jeweiligen Partner und Kinder nichts wissen. Sie hatten vielfach versucht, die Beziehung zu beenden – ohne Erfolg. Beide sind in den jeweiligen Ehen unglücklich, verachten die Partner und können sich eine Scheidung »nicht leisten«. Beide wollen auch gar keine Alltagsbeziehung miteinander. So richtig begründen können beide dies nicht. Sie kommen zur Beratung, weil es nun mehrfach vorgekommen ist, dass er cholerisch wurde und sie geohrfeigt hat – wohl jedes Mal im Anschluss daran, dass seine Potenz nicht mehr so war wie gewohnt und die Frau sich darüber mokierte. Sie droht nun damit, alles auffliegen zu lassen, will aber auch nicht von ihm lassen. Er ist geschockt, dass sie überhaupt solche Gedanken hat, gekränkt, weil sie seinen Mannesstolz verletzt, und verwirrt, weil er sich seine aggressiven Ausbrüche nicht erklären kann. Sie hat in dem ganzen Prozess sichtlich die Kontrolle und dominiert subtil, aber deutlich das Geschehen.
>
> »Was hat Sie denn über all die Jahre eigentlich zusammengehalten?«, frage ich die beiden. »Nun ja«, sagt sie, »es war einfach seine Leidenschaft, die ich brauchte. Ich fühlte mich begehrt wie sonst von niemandem!« Er antwortete: »Genau, und wenn ich jetzt manchmal nicht so Gewehr bei Fuß stehe, dann bist du enttäuscht und machst dich lustig über mich!« Ich frage nach: »Gibt es etwas, was Sie jenseits der Leidenschaft miteinander verbindet?« Wie aus der Pistole geschossen sagt sie: »Nein, eigentlich gar nichts!« Er nickt fast unmerklich. »Dann scheint es mir fast logisch zu sein, dass Ihre Verbindung in die Krise kommt, wenn das mit der Leidenschaft wackelig wird«, werfe ich ein. Sie bricht in Tränen aus. »Du findest mich nicht mehr schön!«, worauf er sarkastisch antwortet: »Du wirst genauso älter wie ich auch!«

Das schon früher geschilderte narzisstische Prinzip der ewigen Jugend bildete den Kitt dieser Beziehung, und dieser Klebstoff begann, sich aufzulösen. Die beiden verband nicht Liebe oder Hingabe, sondern der Sex von dauerhaft Jugendlichen, die aber schon in alternden Körpern leben. Diese Art von Sex setzt nicht auf Nähe und Herzensbindung, sondern ausschließlich auf Lust im *eigenen* Körper. Man könnte auch sagen, dass dies eine etwas umständliche Form der Selbstbefriedigung darstellt. Der andere ist eigentlich gar nicht *als anderer* im Spiel. Er dient der eigenen Befriedigung, und die Befriedigung des anderen ist nur in dem Sinn wichtig, weil man sich dadurch wiederum *selbst* (als Mann oder Frau) großartig fühlt. Der Fokus liegt auf einem selbst. Der andere dient als Echowand.

Für ein solches »Miteinander« sind gelegentliche Treffen bestens geeignet. Dann will und braucht man auch nicht das Leben oder gar Seelisches miteinander zu teilen. Der trübe Alltag der »Normalbeziehung« ist dann die Kontrastfolie, die den Traum unendlicher Jugendlichkeit und ewiger Leidenschaft in der Affäre umso deutlicher zur Geltung bringt. Dass das Altern sein Werk tut, kommt dann ungelegen.

An dem Beispiel lässt sich besonders gut verstehen, dass so ein Konstrukt die eigentliche Not verbirgt. Denn beide waren in ihren Alltagsbeziehungen gleichermaßen seelisch einsam. Sie bestärkten einander mithilfe der Affäre in ihrer Großartigkeit und litten selbst unter dem immensen Druck, für den anderen diese Großartigkeit aufrechtzuerhalten. Diesem Anspruch zu genügen wurde alles untergeordnet. Doch irgendwann halfen weder Schönheitsoperationen noch Potenzmittel mehr weiter. So litten beide Seiten darunter, die Rolle weiterspielen zu müssen, die ihre narzisstische Identität sicherte, und lebten dabei an sich und dem anderen permanent vorbei. Irgendwann erstarb das Interesse aneinander.

Damit sind die mir besonders wichtigen Formen, wie man narzisstisches Leid in Paarbeziehungen ungünstig für sich nutzen und verarbeiten kann, dargestellt:

- Grandiosität
- Dominanz
- Beschämung
- Instrumentalisierung.

Wenn man diese Muster kennt, lassen sich darüber leichter Gespräche führen. Wer über solche Zusammenhänge zu reden beginnt, hat einen wichtigen Schritt zur Bewältigung narzisstischer Not in Beziehungen getan.

6 WAS MUSS MAN TUN, UM NARZISSTISCHE NOT IN UNTERNEHMEN ZU KULTIVIEREN?

Da ein Großteil der Menschen einen beträchtlichen Prozentsatz ihrer Zeit beim Arbeiten in Unternehmen, Verwaltungen und Behörden verbringt, wende ich mich nun auch der Frage zu, wie Kommunikationsmuster und Entscheidungsregeln in Organisationen aufgesetzt sein müssen, damit narzisstische Not von Mitgliedern diesen zum Vorteil gereicht und dem Unternehmen mehrheitlich schadet.

Wodurch wird es wahrscheinlicher, dass Menschen mit narzisstischem Innenleben bevorzugt Karriere machen? Was bedeutet es, wenn sie in Unternehmen hoch angesehen sind und ihre Macht ungestört und ungünstig ausleben können? Wie verhalten sich alle anderen, um dies zu begünstigen? Welche Regeln in Unternehmen belohnen direkt und indirekt narzisstische Nöte?

Um allen diesen Fragen sorgfältig nachzugehen, gälte es, sehr viele Aspekte zu beleuchten.[50] Ich fokussiere mich auf die, die ich für besonders wirksam erachte und die ausgesprochen häufig zu beobachten sind.

50 Siehe zu diesem Kapitel auch meinen Artikel zum »narzisstisch infizierten Unternehmen« (2003).

Man pflegt ein Freund-Feind-Schema

Je ausgeprägter sich ein Unternehmen oder anderes soziales Gebilde nach dem Schema Freund/Feind organisiert, desto mehr Vorteile haben Mitglieder mit narzisstischen Nöten.

Organisationen – nehmen wir mal politische Parteien, da es sich hier besonders gut illustrieren und überzeichnen lässt –, die allen Mitgliedern eine klare Orientierung geben wollen, wer die Guten und wer die Bösen sind, sind Lieblingsspielwiesen narzisstisch leidender Menschen. Die Haltung »Ich bin der Gute (= Konservative, Rechte, Linke, Grüne, Liberale etc.), und die anderen muss man bekämpfen!« ist für narzisstische Not eine großartige Sache.[51] Warum?

Zur Erinnerung: Narzisstisches Elend besteht u. a. im Verlust der Antwort auf die Frage »Wer bin ich?« und im Verlust der Vorstellung, dass andere Menschen leiden könnten. Nun liefert nichts innerhalb von Sekunden eine klarere Antwort auf die Frage nach der eigenen Identität, als wenn man definiert, wer Freund und wer Feind ist. Hier ich, dort der Feind. Hier unser Team, dort die Gegner. Hier unsere Abteilung, dort die Idioten. Hier unsere Firma, dort die zu schlagende Konkurrenz oder der auszubeutende Kunde.

Im Freund-Feind-Schema wird man frei von Ambivalenzen und handelt im Namen des Guten und Richtigen. In Führungspositionen hat man Aussicht auf öffentliche Auftritte, in denen man gefahrlos andere schlechtmachen und selbst Zustimmung oder gar Jubel einheimsen kann. Wenn Menschen in narzisstischer Not Rollen ausfüllen, die mit Rechthaben verknüpft sind, werden sie vordergründig von ihren tiefen Selbstzweifeln und dem Ichverlust erlöst. Die Rolle stiftet Identität. Für narzisstische Desorientiertheit sind also Organisationen, die im Freund-Feind-Schema gestaltet sind, wie Magnete. Wer differenziert und abgewogen denkt, wer reflektiert ist, der tut sich schwer, mit der übertriebenen Sicherheit mitzuhalten, die sich aus der narzisstischen Not heraus darstellen lässt. Selbstzweifel am Parteitag oder bei der Führungskräftetagung? Nein. Mitreißende

51 Es ist also aus meiner Sicht kein Zufall, dass »Identitätspolitik« so zunimmt. Man macht nicht nur politisch zu diskutierende und mit Mehrheiten zu versehende Vorschläge, sondern man tritt für das Wahre, Gute, Richtige ein – und setzt damit alle anderen ins Unrecht oder in die Unmoral und nicht nur ins Lager derer, die andere Vorschläge machen. Damit nehmen die narzisstisch geformten sozialen Spaltungen zwangsläufig zu. Bei allen Parteien!

Selbstgewissheit? Schon besser! Dann wissen alle, wo dran man ist und wo es hingehen soll.

Menschen in narzisstischer Not haben noch einen weiteren Vorteil, um dieses Schema effektiv bedienen zu können. Durch ihr mangelndes Einfühlungsvermögen und die Beeinträchtigung oder das Fehlen von Schuldgefühlen, kann der »Feind« ohne großes Zögern bekämpft werden. Man ist aus der eigenen Not heraus rücksichtslos und gibt dem keine Bedeutung. Die Mittel dazu lassen sich ständig im medialen Schaukampf studieren. Wer besonders gut darin ist, den Gegner fertigzumachen, ihn vorzuführen, ihn zu beschämen und ihm keinen Raum zu lassen, der bekommt von den »Freunden« Anerkennung und im eigenen Beritt besondere Geltung. Man wird zu jemandem, hinter dem sich andere versammeln. »Denen hat er/sie es wieder gezeigt!« Allein dieser so einfache Zusammenhang begünstigt narzisstisch leidende Menschen im Gerangel um Posten und Pöstchen. Dieses Muster »funktioniert« allerdings nicht nur in politischen Organisationen, sondern in ähnlicher Weise auch in Konzernen, Familienunternehmen, Start-ups, NGOs, Vereinen, Gerichten, Universitäten, beim Militär und in Krankenhäusern.

Man opfert die Realität dem Ideal

> Je mehr eine Organisation sich einem Ideal verschreibt und ihre Identität darauf aufbaut, desto anziehender ist sie für Menschen in narzisstischer Not.

Ein wesentliches Merkmal narzisstischer Erlebniswelten besteht in der Orientierung an Idealen. Dieses Muster führt besonders oft dazu, alle Energie darin zu setzen, etwas besser machen zu *müssen*.[52] Die Fähigkeit, beschränkende Faktoren zu ignorieren, ermöglicht Menschen in narzisstischer Not als Verantwortlichen in Unternehmen, dass sie neue und riskante Wege propagieren können, weil sie die Risiken gar nicht wirklich wahrnehmen.

52 Um keine Missverständnisse aufkommen zu lassen: Das entscheidende Wort in dem Satz ist »müssen«. Sehr viele Menschen versuchen, die Welt im Kleinen oder Großen zu verbessern. Daran ist nichts falsch oder Ausdruck von narzisstischer Not. Erst wenn diese Orientierung zur alleinigen Identität wird und damit ein Verlust von Freiheit einhergeht, wird es reflexionsbedürftig.

Menschen in narzisstischer Not gelten somit leicht als »unternehmerisch« und »führungsstark«. Ihre schon immer eingeübte Idealorientierung befähigt sie zu großen »Visionen«. So erzeugen sie Aufbruchsstimmung und Begeisterung. Rhetorische Begabungen finden sich unter Menschen in narzisstischen Erlebniswelten besonders häufig, da Sprache und Kommunikation für die Verpackung der Inhalte besonders wesentlich sind.

Organisationen können also – neben dem Freund-Feind-Schema oben – auch Ideale nutzen, um Mitarbeiter zu motivieren. Um das umzusetzen, braucht es genau jene Fähigkeiten, die besonders gut aus narzisstischer Not erwachsen. So könnte man nun meinen, dass alles dafürspricht, Menschen in solchen Nöten viel Einfluss in Unternehmen zu geben. Aber die Lichtseite hat mehr Schatten, als man glauben mag. Das liegt daran, dass *narzisstische* Ideale uns von der Realität entfernen und unempfänglich für Korrekturen machen. Sind Ideale dieser Art im Spiel, resultiert daraus so gut wie immer ein expandierender Verlust der Fähigkeit, relevante Fakten aus der Umwelt ernst zu nehmen.

Wie macht sich das bemerkbar? In Unternehmen fallen ständig Entscheidungen. Diese sollten auf Fakten (= Realität) basieren. Zwangsläufig entstehen so Informationslagen, die vergangene Entscheidungen als falsch hinstellen und Umentscheidungen nötig machen. Ebenso muss man mit unliebsamen, überraschenden und widersprüchlichen Faktenlagen zurechtkommen.

Hat das Unternehmen aufgrund seiner Ausrichtung an Idealen vorrangig Führungskräfte in narzisstischer Not in Machtpositionen gebracht, dann entsteht ein kommunikativer Prozess, der subtil das gesamte Entscheidungsverhalten der Organisation verändert. Denn bei jeder neuen Entscheidung wird immer auch mitentschieden, ob man alte Entscheidungen kritisiert, als falsch erscheinen lässt oder ob man sie bekräftigt und stabilisiert. Da Menschen in narzisstischer Not sich mit ihren Entscheidungen identifizieren, hoch kränkbar sind und am bestehenden Ideal nicht rütteln wollen, drohen sie, sich bei Kritik an ihren alten Entscheidungen als Versager zu fühlen. So geraten alle Mitarbeiter und Kollegen solcher Führungskräfte in einen erheblichen Konflikt mit dem oder der narzisstisch-leidend

Mächtigen. Sie müssen entscheiden, ob sie so entscheiden, wie es die Realität erfordert oder wie es der Chef gern hätte.

Kein Mitarbeiter setzt sich so leicht immer wieder oder gar auf Dauer in Opposition zu dem, der über sein Wohl befindet. So wird es wahrscheinlicher, dass zunehmend mehr solcher Entscheidungen getroffen werden, die sich an die Sichtweisen der Führung in narzisstischer Not anpassen. Der Verlust der Fähigkeit, unliebsame Informationen von außen aufzunehmen.[53] kann sich so mit der Zeit auf die gesamte Organisation ausweiten. Informationen von Andersdenkenden im Unternehmen, von Kunden, Lieferanten oder Investoren werden nicht oder zu spät erfasst, da sich alle Mitarbeiter an eine Art geheimer Absprache halten, dass das von der Führungskraft beschworene Ideal nicht gefährdet wird.

Will man also ein Unternehmen so gestalten, dass man narzisstische Nöte der Führungsebene begünstig, dann bewährt sich folgende Regel: *Informationen, die unsere Leitung destabilisieren, werden so lange einer Bearbeitung unterworfen, bis die Informationen die Umwelt so darstellen, dass sie unserer Leitung gefällt!*

Damit die eben genannte Regel sich in die Tat umsetzen lässt, braucht es Reflexionsverbote. Man muss dafür sorgen, dass narzisstisch Leidende in Machtpositionen nicht in ihrer Neigung gestört werden, sich selbst gegenüber unkritisch zu sein. Das gilt insbesondere für die großen Linien und Ideen. Unternehmen brauchen eine »Story«. Ihr Produkt, ihre Dienstleistung muss überzeugen. Ohne Attraktivität keine Kunden. Überzeugend sein – auch wenn es dafür vielleicht keine wirklich ausreichende Grundlage gibt: Das können Menschen in narzisstischen Nöte aus dem Ärmel schütteln.

> Drei Studienfreunde gründen. Zwei sind IT-Nerds, einer der »geborene« Vertriebler. Nennen wir ihn Fritz. Das Produkt hat Konkurrenz. Die ist in den Augen von Fritz allerdings schlecht. Ob das stimmt, weiß er selbst eigentlich nicht so genau. Dazu versteht er von der Sache zu wenig. Aber wenn er das im Brustton der Überzeugung sagt, motiviert es die beiden anderen, hilft ihnen, an die Idee zu glauben und Risiken einzugehen, die sie sonst nicht auf sich nehmen würden.
>
> Fritz überzeugt allerdings auch Investoren. Seine Kunst, alle, die

53 Ein gutes Beispiel dafür – wenn auch aus einem anderen Kontext – ist: Wenn Wahlergebnisse nicht den eigenen Erwartungen entsprechen, zweifelt man die Ergebnisse an.

er braucht, auf seine Seite zu ziehen und alle abzuwerten, die ihm im Weg stehen könnten, helfen enorm, Kapital beizuschaffen. Die Firma wächst. Alle aufkommenden Bedenken aufseiten der anderen beiden, ob der eigene Wettbewerbsvorteil gegenüber der Konkurrenz wirklich so groß ist, tut Fritz ab. Sie sind auf der richtigen Seite, auf der Überholspur. Alle Zögerer werden als Gegner gesehen. Einer der drei Gründer geht deshalb. »Das will ich mir nicht länger antun!« Fritz ficht das nicht an. Er hat eine Garde gleichaltriger Frauen und Männer angestellt, die mit ihm »Geschichte« schreiben wollen und zu ihm aufblicken. Er versucht, die Skepsis der Investoren durch Anbauten an seine Luftschlösser zu beschwichtigen. Die Intensität, mit der er Feinde ausmacht und anklagt, nimmt zu. Am Ende ziehen die Investoren den Stecker. Er stellt sie als Schuldige dar.

Je größer der Glaube an die Einzigartigkeit des Produkts, desto mehr sind solche Organisationen ein Fliegenfänger für Menschen in narzisstischen Nöten. Je mehr Organisationen auf ihrer Schauseite[54] operieren, desto mehr werden sie »Narzissmusträger« einstellen und befördern. Je mehr Mitglieder es gibt, die Teil von der »Purpose« oder etwas »Sinnstiftendem« werden wollen, desto stärker sind Organisationen auf Menschen angewiesen, die aus Stroh Gold dreschen können. Aus Gewöhnlichem etwas Außergewöhnliches zu designen: Das ist eine Kernkompetenz, die aus narzisstischer Not erwächst. Wie Sie schon gemerkt haben – auch hier begegnen wir wieder der Destruktivität von Idealen.

Problematisches hat unter solchen Bedingungen keine *emotionale* Auswirkung. Selbst drohende Insolvenz lässt sich auf diese Weise als vorübergehende Krise auf dem Weg nach oben interpretieren. So kann man sicher sein, dass problematische Informationen – insbesondere in Meetings mit der entsprechenden Führungsperson – bagatellisiert oder verschwiegen werden. Die Kunst, Probleme zu verstecken, wird so zum Blühen gebracht. Ich habe Unternehmen erlebt, in denen neue Mitarbeiter in dieser Kunst – manches geheim zu halten und die Regeln zu verstehen, worüber nicht gesprochen werden darf – explizit eingewiesen wurden.

Besonders geeignet, um das narzisstische Ideal der Führungskraft zu schützen ist es, wenn man Projekte, die nicht so glänzen

54 Zu diesem Begriff siehe Kühl 2011.

wie erhofft, vorzeitig aufgibt. Auswertungen und klares Controlling werden gefährlich, da sie Unschönes zum Vorschein bringen könnten. Sie drohen, glänzende Hoffnungen zu zerstören, Ideen als Schnapsideen zu entlarven und Ziele als Unsinn zu demaskieren. Oft werden – wie im alten Sparta – die Überbringer der schlechten Nachricht geköpft, was bekanntlich eine elegante Art ist, sich vorübergehend der Realität schlechter Nachrichten zu entledigen.

Die Zukunft wird durch die Orientierung am Ideal so überwertig, dass die Gegenwart nicht mehr zählt. »Was kümmern uns die Probleme von heute, wenn wir die Sieger von morgen sind!« Die Beschäftigung mit dem, was sein soll, überlagert das, was ist. Wenn die Probleme unübersehbar werden, werden in einer narzisstischen Unternehmenskultur meist Schuldige gesucht und entsorgt.

Will man also der narzisstischen Not die Herrschaft im Unternehmen geben, gilt es, den Realitätsverlust zu erhalten und in den von Idealen gespeisten Visionen nur das Gute zu sehen. Wer in Unternehmen und anderen Organisationen Verantwortung trägt oder Mitglied ist, sollte sich sehr genau anschauen, wo aus Überzeugtheit Selbstgefälligkeit, wo aus Marketing pure Show wird. Sind Entscheidungsträger nicht mehr emotional erreichbar, ist Gefahr im Verzug. Wenn diese nicht mehr erschrecken und übermäßig souverän bleiben, wo alle anderen Angst bekommen, gilt es, sehr genau hinzuschauen. Am Beispiel oben ist nicht untypisch, dass es häufig Eingriffe von Anteilseignern, Aufsichtsräten oder anderen Gremien braucht, um dem ein Ende zu setzen. Aber es gibt eben auch viele Fälle, in denen der entschiedene Gebrauch von Zivilcourage bei Mitgliedern der Organisation zum »Einbremsen« eines dysfunktionalen Festhaltens an Zielsetzungen führt.

Man schont die Entscheider

Will man ein Unternehmen narzisstisch ausrichten, muss man dafür sorgen, dass sich im Umfeld der narzisstisch leidenden Personen alle an die Regel halten, eher an sich selbst als am Chef zu zweifeln.[55]

55 Siehe dazu auch weiter unten in Kapitel 8 (s. S. 112) und 10 (s. S. 130).

Die im vorigen Kapitel als unerlässlich deklarierte Zivilcourage aller Mitarbeiter in Organisationen ist in einem narzisstisch infizierten Unternehmen allerdings ebenfalls gefährdet. Oder andersherum: Das Umfeld von narzisstisch beeinträchtigten Personen spürt in der Regel instinktiv sehr genau, welche Bedrohung es für narzisstisch leidende Führungskräfte darstellt, wenn man sie kritisiert. Will man im Unternehmen auf dieses Leid Rücksicht nehmen, muss man auf Selbstkritik statt auf Kritik setzen. So lässt sich häufig beobachten, dass Mitarbeiter in diesem Umfeld kompensatorisch an sich selbst zu zweifeln beginnen. Wenn sie es »hinbekommen«, sich und die eigenen Ansichten infrage zu stellen – und nicht die der narzisstischen Führungskraft! –, dann ist ein weiterer Schritt in Richtung narzisstisch geprägte Organisation vollzogen.

Schaut man sich diese Vorgänge im Detail an, fällt auf, dass es insbesondere die psychologisch reifen Mitarbeiter sind, die zu einem solchen Verhalten neigen. Das hängt damit zusammen, dass diese empathisch sind und die Not der Führungsperson intensiv spüren können. Sie wollen niemanden kränken und halten sich deshalb zurück. Auf diese Weise schaffen alle Beteiligten eine Art »gemeinsame Welt«, in der das Verhalten des einen das Verhalten der anderen bestärkt sowie aufrechterhält und umgekehrt. Es gibt hier keine Opfer und Täter – und wenn doch, dann sind alle gleichermaßen Täter und Opfer eines Teufelskreises.

Verstärkt wird dieser Prozess durch eine interessante Fähigkeit von Führungspersonen in narzisstischen Nöten: Der Mitarbeiter geht mit massivem Ärger oder Unzufriedenheiten ins Gespräch mit dem Chef und kommt mit *guten Gefühlen wieder heraus*. Diese Fähigkeit, anderen den Wind aus den Segeln zu nehmen, wird in der Regel als Fähigkeit zur Motivation interpretiert. In Wirklichkeit sind es die Umdeutungskünste, die Menschen in narzisstischer Not schon von klein auf lernen konnten und mussten, mit denen sie andere umgarnen und für sich einnehmen können. »Ich wollte eine Gehaltserhöhung und kam mit mehr Aufgaben und ohne Erhöhung wieder aus dem Gespräch heraus!«, formulierte es mal ein Abteilungsleiter.

Das Symptom, das die Organisation in Summe ausbildet, lässt sich so formulieren:

> An Informationen, die der Leitung nicht gefallen, zweifeln die Mitarbeiter selbst so lange, bis sie selbst glauben, dass die Welt so ist, wie die Leitung sie sieht!

Prägt diese Art der Kommunikation größere Teile der Organisation, ist die innere oder äußere Kündigung der besten Köpfe nur eine Frage der Zeit, weil es im System wenig Spielraum für alternatives Verhalten gibt. Personen, die Eigenständigkeit erproben, werden in aller Regel in Windeseile zum Außenseiter und Sündenbock. Für *einzelne* Mitarbeiter in der Organisation ist ein solches Muster nur schwer zu durchbrechen und setzt die oben genannte Zivilcourage voraus. Dies ist einer der Gründe, warum Veränderungen einer narzisstischen geprägten Unternehmenswelt, in der oft existenzielle Abhängigkeiten bestehen, so schwierig sind.

Man fördert das Gewinnen und bestraft das Verlieren

> Um in Unternehmen narzisstischen Überlebensstrategien günstigen Nährboden zu bieten, ist es besonders günstig, wenn man intern mit einer Gewinner-/Verliererlogik arbeitet.

Vor Entscheidungen in Organisationen sind grundsätzlich unterschiedliche und meist auch widersprüchliche Interessen im Spiel. Funktionen, Regionen, Projekte, Hierarchieebenen und Konkurrenten um Positionen: Alle haben potenziell widersprüchliche Interessen. Organisationen sind um Konflikte herum gebaut.[56] Sie verkörpern unterschiedliche Interessen. Eine gesamthafte Ausrichtung auf wenige, gemeinsame Ziele erzwingt im Unternehmen immer, dass mal die einen, mal die anderen Nachteile in Kauf nehmen müssen. So ist es in der einen Situation nötig, dass z. B. die Produktion teurer wird, weil sie sich flexibler und aufwendiger aufstellen muss, um die Anforderungen des Vertriebs zu bedienen, in anderen Fällen muss z. B. der Vertrieb leiden, weil er sich mit effizienten Werksroutinen abfinden muss. Wenn in Unternehmen sich alle gleichzeitig und immer durchsetzen *sollen*, dann wird Nachgeben zum Karrierekiller.

56 Vgl. Eidenschink u. Merkes 2021.

Weniges können Menschen in narzisstisch kompensierten Nöten besser, als sich geschickt oder rücksichtslos durchzusetzen. Die mangelnden Schuldgefühle, das Gespür für die Schwachpunkte anderer, die ambivalenzfreie Bereitschaft zu lügen und zu tricksen, die Angst, beim Verlieren die eigene Selbstachtung nicht aufrechterhalten zu können: All das *zwingt* Menschen mit solchem Leid nachgerade zum Gewinnen.

Will man dies als Unternehmen vermeiden, dann muss man Nachgeben und Kompromissbereitschaft genauso positiv bewerten wie Durchsetzungsstärke und die Fähigkeit zu kämpfen. Nur wer beides kann, sollte in Unternehmen, die nicht von narzisstisch leidenden Menschen dominiert werden wollen, Aufstiegschancen bekommen. Wie das andernfalls ins Auge gehen kann, zeigt folgendes Beispiel.

> Der Finanzvorstand ist neu in der Rolle. Seine Karriere ist steil und geradlinig gewesen. Nun – vier Monate nach Ernennung – ist das Unternehmen vollständig aufgebracht. Folgendes war passiert: Seine ersten Amtshandlungen bestanden darin, alle »Gefolgsleute« seines Vorgängers zu demütigen (»Seit Jahren macht ihr hier einen Scheißjob, das wird mit mir nicht funktionieren!«), Kritiker zu feuern, einen Umbau des Büros für einen höheren sechsstelligen Betrag in Auftrag zu geben und mit einer neuen Assistentin auf Geschäftsreise in die weltweiten Niederlassungen zu gehen, um dort alle »einzunorden«. Das alles lief unter der Überschrift »Aufräumen«. Binnen kürzester Zeit hatte er alle relevanten Personen gegen sich.
>
> »Ich bin doch nun Vorstand, da darf ich so was!«, jammerte er schon fast wehleidig im Coaching. »Was dürfen Sie?« – »Es so machen, wie es richtig ist. Und das bestimme nun mal ich. Ich brauche keine Rücksicht zu nehmen. Wofür bin ich Vorstand?«

Eine solche Haltung ist sicherlich die Ausnahme. Aber sie zeigt, was möglich ist. Denn immer war es seine Durchsetzungsstärke gewesen, die ihn in die höhere Position gebracht hatte. Die Blindheit, mit der solche einseitigen Verhaltensweisen als Führungskompetenz missinterpretiert werden, liegt auch daran, dass viele Entscheidungsträger die gleichen blinden (narzisstischen) Flecken teilen.

Das Bild vom »Aufräumen« ist auch ein Hinweis auf die grandiosen Vorstellungen, die im Hintergrund wirksam sind. Stellen Sie sich dabei einfach vor, dass genau so ein Aufräumen aller Eigenarten die frühe Lebenserfahrung dieses Menschen war. Sein Vater duldete nie auch nur die Spur von Verletzlichkeit, die er ausschließlich als Schwäche ansah. Dieses Ideal – Tilgung von Verletzlichkeit – macht es notwendig, alle Eigenschaften, die als solche gesehen werden könnten, abzustellen. So übernahm er die »Software« seines Vaters und versuchte seinerseits, ein Umfeld zu schaffen, in der nur vermeintlich Starke Platz haben.

Die Tilgung von Verletzlichkeit – eigentlich ein anderes Wort für Offenheit und Zugänglichkeit für Neues – ist allerdings auch ein Merkmal vieler Kommunikationskulturen in Unternehmen. Herrscht eine solche Kultur, werden systematisch die Traumata aller Mitarbeiter aktiviert – nicht nur die der narzisstisch Leidenden. Beziehungstraumen gehen immer mit früh erlittenen Verletzungen einher. Dadurch verhärten sie sich. Leider gilt das häufig als normal.[57]

57 Siehe dazu in Bezug auf die Gesamtgesellschaft ausführlich Maté u. Maté 2023.

7 WAS MUSS MAN TUN, UM EINE NARZISSTISCHE GESELLSCHAFTS-KULTUR ZU BEFÖRDERN?

Wir leben in einer Kultur, in der die Stärken, das Positive, das Schnelle, die Lösungen gefragt sind und angeboten werden. Es gilt, sich nicht lange mit dem Unangenehmen aufzuhalten, sondern mit »positivem Mindset«, »optimistischem Spirit« und dem Glauben ans Gelingen ans Werk zu gehen.

Alle diese so attraktiv scheinenden Parolen sollte jeder, der sie für attraktiv hält, grundsätzlich auf einen narzisstischen Unterbau hin untersuchen. Warum? Die Vermeidung von Scham und Kümmerlichkeit ist ein Kernprozess narzisstischen Leids. Daher ist der Fokus auf »Positives« für solche Menschen eine sehr naheliegende Überlebensstrategie. Das Muster, die eigenen Stärken zum Verbergen der Schwächen zu gebrauchen, findet in einer Gesellschaft, in der individueller Erfolg so angesehen ist, nützlichen Widerhall. Wer solche Konzepte anbietet oder nachfragt, wird narzisstisches Leid in besonderer Weise anziehen und pflegen. Narzisstische Nöte sind paradox: Sie stärken die Stärken und erhalten die eigentliche Not.[58]

58 »Freiwillige Unterwerfung« nennt Isolde Charim (2022, S. 7–26) dies so treffend in ihrem besonders lesenswerten Buch, welches narzisstische Phänomene auf gesellschaftlicher Ebene untersucht; *Smile or die* ist die Auseinandersetzung der amerikanischen Autorin Barbara Ehrenreich (2010) mit einer bestimmten Ausprägung der »positiven Psychologie« betitelt.

Daher lohnt es sich, wenn man für einige häufig zu beobachtende Phänomene unserer aktuellen Gesellschaft sensibilisiert ist, die ein Zusammenspiel von narzisstischem Leid und ungünstigen sozialen Dynamiken beinhalten.

Man will starke Führer

Denken Sie zurück an die ersten Kapitel dieses Buches: Narzisstisch leidende Menschen müssen früh im Leben ein Gespür dafür entwickeln,

- was anderen Menschen gefällt
- wo sie manipulierbar sind
- wie man sich ihre Ängste zunutze machen kann und
- wie man ihnen Bewunderung entlocken kann.

Davon und warum das so ist, war in diesem Buch immer wieder die Rede. Wer das kann, kann im sozialen Feld viel bewegen und bewirken, weil sich viele Menschen, die zunächst mit »Narzissmus« gar nichts am Hut haben, dagegen auch nicht gut wehren können. Denn viel häufiger als narzisstisches Leid sind Ängste und Depressionen in unserer Gesellschaft verbreitet. Ängstliche und ziellose Menschen suchen sich jedoch oft »narzisstische Führer« und bejubeln sie. Wie kommt es zu dieser Attraktivität?

Wer mit narzisstischer Not sein Leben lebt, spürt seine Ängste kaum. So kann man ohne großes Abwarten etwas tun, wo andere zögern. Man gilt als entschlossen und frei von Ambivalenzen. So kann man in den entsprechenden Funktionen als Politiker, Manager oder Medienmensch Parolen ausgeben, die durch Eindimensionalität gekennzeichnet sind. *Denken* besteht in richtig oder falsch, *Gefühle* organisiert man im Freund-Feind-Schema und der *Wille* mündet in klaren Ansagen. So lässt sich narzisstisches Leid mit Führungsstärke verwechseln.[59] Wer das tut, trägt zur Verbreitung narzisstischer Not und Gesellschaftskultur bei.

Ganz besonders aber können narzisstisch leidende Menschen auf das »Positive« setzen: Ihr Talent im Entwerfen von Visionen, im Verbreiten von Zuversicht, in der Ermutigung, anspruchsvolle Ziele

59 Eine Studie, die das eindrücklich belegt: Nevicka u. Sedikides 2021.

für erreichbar zu halten, im Verdrängen von Unabänderlichkeiten und ihre Fähigkeit, auch notwendiges Leid zu ignorieren: All das prädestiniert sie, Konzepte zu entwickeln, die hoch attraktiv erscheinen. Sie bieten anderen Menschen das an, worauf »man« abfahren kann, ganz besonders dann, wenn man ein »gewöhnlicher« Mensch mit normalen Ängsten und normalen Zweifeln ist. Jeder »gewöhnliche« Mensch, der narzisstisch-illusionäre Versprechungen glaubt und aufgreift, indem er derartige Produkte, Bücher, Workshops, Parteiprogramme oder Veranstaltungen kauft, fördert ebenfalls eine narzisstische Gesellschaftskultur.[60]

Man sucht eine Horde

Ein Weiteres kommt hinzu: Alle Menschen mit unverarbeiteten Ängsten oder auf der Suche nach Sinn neigen dazu, sich mit einer *speziellen Ausgestaltung* von Gruppen zu identifizieren. Gruppen können die Form der »Horde« annehmen. Horden sind scharf abgegrenzt. So kann kein Zebra Mitglied der Pavianhorde werden und umgekehrt. Säugetiere, die wir nun mal sind, suchen auf einer sehr elementaren Ebene die schützende Gemeinschaft. Das ist ganz normal. Je höher entwickelt, desto mehr Spielraum entsteht, sich vom Kriterium möglichst absoluter Gleichheit zu lösen. Unterschiedlichkeit kann man dann als Bereicherung erleben und weniger als Gefahr.

Den Wunsch nach Zugehörigkeit zu einer Gruppe nutzen nun Menschen in narzisstischer Not aus, um sich selbst als Führer dieser Gruppe zu etablieren. Das geht umso leichter, wenn sie eine homogene Horde anpreisen, der andere sich anschließen können. Durch ihr Talent, solche Visionen der Zusammengehörigkeit lebendig zu schildern, gelingt es ihnen leicht, eine gemeinsame Identität zu stiften.[61] Sie versprechen gute gemeinsame Zeiten und machen klar, wer kein Bestandteil dieser »Horde« ist: »Make XY great again!«, »Die Nation XY den XY-lern«, »Wir gegen die da oben!«. Narzisstisch leidende Personen können so etwas jenseits aller Realisierbarkeit versprechen, weil sie diesbezüglich keine Scham und Schuld

60 Siehe dazu ausführlicher: Eidenschink 2003
61 Ausführlich dazu: Simon 2019.

empfinden. Die Adressaten ihrer Botschaften fühlen sich jedoch auf der richtigen Seite. Egal, ob die Horde völkisch, libertär, ökologisch oder ökonomisch aufgeladen und inszeniert wird, das Muster ist: »Wir gegen andere!« So kann ein »ozeanisches Gefühl« entstehen, in dem der narzisstisch Leidende sich über ein Publikum selbst bespiegelt. Die Anhänger wiederum liefern gern den Applaus und gewinnen so die (illusionäre) Zuversicht, dass die Welt (wieder) gut wird. Aus narzisstischer Not geborene Ideale und die Hoffnung auf eine nur gute Welt, die für die Anhänger alles Nötige bereithält, ergänzen sich besonders gut.

Wer sich solchen Botschaften anschließt, belohnt narzisstische Destruktivität. Wer Menschen glaubt, dass sie erlösen oder heilen können, dass sie dem Unglück ein Ende bereiten, dass sie vergangene »gute Zeiten« wiederbeleben können, bedient die narzisstische Not derer, die diese Versprechungen machen. Man schädigt nicht nur sich selbst, sondern infiziert die Gesellschaft in Summe mit einem eigenen kleinen Beitrag in Richtung narzisstischer Ideale und Illusionen.

So werden narzisstisch leidende Menschen gewählt, »gelikt«, »gefollowed«, empfohlen, geehrt, gerühmt, als Genie und Vorbild herumgereicht. Sie haben hohe Einschaltquoten, wichtige Ämter, große Presse, zauberhafte Partner oder Bestsellerauflagen. Die Gesellschaft fühlt sich bestätigt und ist zufrieden. Die Bereitschaft all derer, die dieses Muster bedienen, wirkt sich insgesamt allerdings hoch destruktiv aus. *Wer den Helden sucht, wird den Untergang finden.* Je intensiver man den Reden von Menschen in narzisstischer Not – die immer wissen, dass die anderen alles falsch und sie alles richtig machen – zujubelt, desto mehr kann man davon ausgehen, dass man eigene Selbstwertprobleme auszugleichen versucht.

Man beutet sich selbst aus

Ich greife einen Aspekt, den ich schon bei der Entstehungsgeschichte von narzisstischem Leid beschrieben habe, nochmals auf. Wer sein Leben an Bedürfnissen ausrichtet, hat automatisch einen Rhythmus. Hunger führt zu Sättigung, Schlaf führt zu Wachheit,

Nähebefriedigung führt zum Distanzwunsch, freie Abenteuer lassen in die Sicherheit des Nestes finden, Gesehenwerden erzeugt den Wunsch, inkognito zu sein, usw. Speisen sich die Aktivitäten aus narzisstischen Ersatzmotiven, gibt es keinen Rhythmus mehr. Man ist ständig unter Strom, niemals satt, die Wünsche sind austauschbar. Das bietet in vielen Kontexten für einen oft sehr langen Zeitraum enorme Vorteile. Wer kaum Pausen braucht, wer mehr übt und trainiert als andere, wer nie nachlässt, wer auch dann noch weitermacht, wenn er längst schon nicht mehr kann, der wird schneller besser als andere – egal, worum es geht. Das wird im Umfeld als Zielstrebigkeit, Ehrgeiz, Engagement, als »bereit für die Extrameile« interpretiert und entsprechend belohnt.

Die Kosten, die dabei entstehen, bleiben meist unerkannt oder werden von allen bagatellisiert. Burn-on ist der psychologische Begriff, der sich in jüngerer Zeit dafür gebildet hat.[62] So wird *Selbstausbeutung* zur nutzbringenden Lösung und befähigt einen durch selbstdestruktive Haltungen, in dieser Gesellschaft voranzukommen und Karriere zu machen.

Vielleicht ist nun besser verständlich, warum viele Personen, Teams, Unternehmen und Organisationen narzisstisches Leid so gern (aus)nutzen. Es sind also nicht die vermeintlichen »Narzissten«, die die Gesellschaft ausbeuten und sich selbst optimieren, sondern man kann und muss es auch von der anderen Seite her sehen. Alle in entsprechenden Positionen, die ohne weitere Reflexion und forschenden Dialog die narzisstische Selbstausbeutungsbereitschaft von Mitarbeitern und Angestellten ausnutzen und vorschnell als Engagement interpretieren, sind an der Ausweitung narzisstischer Not genauso beteiligt wie die Betroffenen selbst. Alle, die mit Beförderungen und Förderungen zu tun haben, brauchen Kenntnisse, die es ihnen erlauben, zwischen funktionalem Ehrgeiz und dysfunktionalem Ich-Ideal zu unterscheiden. Andernfalls fördert man jene, die 20 Jahre später im narzisstischen Zusammenbruch landen.

62 Vgl. te Wildt u. Schiele 2023.

Man findet Beschämungen gut

Über die zentrale Funktion der Beschämung anderer, um sich selbst besser zu fühlen, war schon des Öfteren die Rede. Andere vorzuführen, an den Pranger zu stellen oder öffentlich lächerlich zu machen ist immer fragwürdig und selten eine Bagatelle. Interessanterweise lassen sich solche Situationen allerdings häufig beobachten: in Kindergärten, Klassenzimmern, Festen, am Arbeitsplatz, im Bierzelt oder in Talkshows. Umso seltener wird das aber von einem der Anwesenden angesprochen und kritisiert. Beschämungen anderer sind nicht geächtet. Sie in der Rolle des Beobachters geschehen zu lassen gilt nicht als unterlassene Hilfeleistung. Auch das kann man als Hinweise darauf verstehen, dass wir eine Gesellschaft leben, in der sich narzisstische Not austoben darf.

Jeder kann bei sich prüfen, ob, wie und wo man hier eigene Beiträge leistet. Zur Selbstreflexion eignen sich z. B. folgende Fragen:

- Wo bejubele ich Leistungen von Personen, die sich nicht nur sichtlich freuen, sondern sich triumphierend und triumphal zum Helden aufblasen?
- Wo lasse ich mich von Personen beeindrucken, weil diese gekonnt die alleinige Wahrheit präsentieren?
- Gibt es Personen, denen ich applaudiere, wenn sie Menschen mit anderen Meinungen und Positionen rundweg schlecht oder lächerlich machen?
- Suche ich für mich dadurch nach Sicherheit, dass ich mich Leuten anschließe, die einfach *gegen* etwas sind?
- Stimme ich innerlich zu, wenn jemand Andersdenkende unter Generalverdacht stellt und der Dummheit bezichtigt?
- Finde ich Makellosigkeit attraktiv und reagiere darauf mit Faszination, Neid oder Eifersucht?

In all diesen Fällen wird man mit hoher Wahrscheinlichkeit Bestandteil einer narzisstischen Inszenierung, bei der man verkennt, dass im Perfekten, Grandiosen und Genialen die dahinterliegende Not und das verdrängte Elend verborgen werden.

So bleibt eine einfache Schlussfolgerung: In einer Zeit und einer Gesellschaft, die den Sinn des Lebens im Glücklichsein und Erfolgreichwerden sieht, haben Menschen in narzisstischen Nöten Wettbewerbsvorteile und finden leicht Anhänger und Zustimmung. Sie nutzen ihr Ich-Ideal, um andere zu beeindrucken, und halten die Botschaft aufrecht, dass es im Leben um das Verfolgen und Erreichen von Idealen geht. So unterjochen sich alle gemeinsam dem destruktiven Ideal des »gelingenden Lebens«. Um es pointiert zu formulieren: *Glückszwang ist so traumatisierend wie zu viel an Unglück.*[63]

63 Sehr eindrücklich erzählt die Psychotherapeutin Philippa Perry zu diesem Thema (Britzelmeier 2023); den Versuch, alles Schmerzliche zu vermeiden, stellt der Philosoph Han in den Mittelpunkt seiner Analysen (Han 2020).

8 WAS MUSS MAN TUN, UM NARZISSTISCHE NOT IN IHRER GEFÄHRLICHKEIT ZU VERSTÄRKEN?

Vielleicht haben Sie schon gelegentlich von Begriffen wie »dunkler Triade« oder »pathologischem Narzissmus« bzw. »narzisstischer Persönlichkeitsstörung« gelesen oder gehört. Dies sind allesamt Bezeichnungen, die das destruktive Potenzial solcher Nöte in den Fokus nehmen – schädlich für die Betroffenen selbst und schädlich für ihre Umgebung. Tatsächlich können bestimmte Ausprägungen, wie man mit dem eigenen narzisstischen Leid umgeht, für andere gefährlich werden. Somit wenden wir uns nun diesem Aspekt explizit zu.

Drei Gründe für die Gefährlichkeit

Zunächst gilt es zu verstehen, worin die Gefährlichkeit besteht. Diese speist sich besonders aus drei Faktoren.

1. Wer sich mit seinem Ich-Ideal identifiziert, der *verliert sowohl seine Selbstzweifel als auch die Empfänglichkeit für Kritik.*

Man ist *mehr* als überzeugt von sich und seinem Tun: Man ist damit identisch! Kritik daran ist unnötig und – weil das Ideal geschützt werden muss – auch unerwünscht. Der Glaube daran, dass man Vertreter des Richtigen, Guten, Wahren und Schönen ist, ist unerschütterlich, weil sonst zu viel ins Wanken käme. »Überzeugungstäter« haben außer ihrem Ich-Ideal nichts an Orientierung zur Verfügung. Sie *sind* ihre Werte. Sie verkörpern sie geradezu. Wer diesen Überzeugungen im Wege steht, bekommt es folglich mit all der Aggression zu tun, die Menschen in narzisstischen Innenwelten aufgebaut haben, um sich vor dem Sturz in die innere Fragilität zu schützen. An dieser Stelle sei gesagt, dass die *Inhalte* der Überzeugungen vollkommen *austauschbar* sind: Religiöse, erotische, politische, strategische, moralische, gesundheitliche, sportliche, ästhetische, konsumatorische, spirituelle, mafiöse, diktatorische, karitative und humanitäre Zielsetzungen eignen sich allesamt, um mit fanatischer, maliziös-narzisstischer Identität aufgeladen zu werden.

2. Ein weiteres »Feature« narzisstischer Not ist, dass sie *Ängste zum Verschwinden bringt*.

Wo in anderen Menschen Angst und Vorsicht wach werden, stürzen sich »Narzissten« ins kalte Wasser. Sie übernehmen Führungsrollen in Schlachten, die sie nicht kennen, und glauben, Kompetenzen auf Feldern zu haben, die sie nie zuvor betreten haben. So können sie anderen *den Eindruck vermitteln*, sie würden sie besser kennen als alle anderen zuvor, sie könnten Sicherheit bieten, wo alle anderen zweifeln, und sie würden die *Wege des Gelingens* kennen. So wird ihr Verführungspotenzial bei bisweilen gleichzeitiger Ahnungslosigkeit in der Sache immens. Dass dies für sie selbst wie für die Umgebung gefährlich ist, liegt auf der Hand. Alle drohen, bis unmittelbar vor dem Abgrund noch zu glauben, dass man der heroischen, grandiosen Führungskraft auf dem richtigen Weg folgt.

3. Die dritte Gefahr liegt in der schon in Kapitel 3 (s. S. 60) beschriebenen *Kränkbarkeit bzw. in den Rachefeldzügen*, die daraus erwachsen können.

»Gott vergibt, ein Narzisst nie«: Der Spruch des Kollegen Rainer Sachse bringt es auf den Punkt.[64] Kränkungen können kaum verziehen werden. Das ist vordergründig deshalb verwunderlich, da es meist zum Ich-Ideal gehört, unangreifbar, großzügig und

64 Vgl. Sachse 2004.

gönnerhaft zu sein (solange das mit Bewunderung und Dankbarkeit beantwortet wird). Wie kommt es also, dass der Drang zur Rache und zur Beschädigung derer, die nicht wohlgefällig sind, so immens ist? Wer für die eigene psychische Stabilität darauf angewiesen ist, dass die Kulisse[65], die man erzeugt, nicht eingerissen wird, der braucht zwangsläufig die Kontrolle über möglichst viele der äußeren Umstände. Schon deshalb sind mächtige Positionen mit hoher Unabhängigkeit von außen so begehrt. Ganz besonders braucht es Kontrolle über diejenigen, die im engsten Vertrautenkreis landen. Darum werden dort systematisch Abhängigkeiten gefördert, Bedrohungspotenziale geschaffen oder selbstunsichere Menschen gesucht. So bilden sich Clans, Seilschaften und Karrieresymbiosen. Schert nun jemand aus, trifft ihn die volle Wut. Hinter dieser Wut liegt eine namenlose Angst. Wird diese »schwache Seite« von anderen »wachgerufen«, ist dies unverzeihlich. »Wer mir Angst macht, wird es bereuen!«, formulierte es mal ein Unternehmer. Die Entlarvung droht, das ganze Kartenhaus der Selbstinszenierung zum Einsturz zu bringen. Vernichtungswut ist dann das naheliegende und vor allem das einzige verfügbare Selbststabilisierungsmittel – andernfalls droht der Zerfall. Man stelle sich das bitte so vor, wie es hier geschrieben steht: Die oft verbrecherischen Vernichtungsfeldzüge narzisstischer Wut sind Schutz vor Selbstvernichtungsemotionen. Lieber bluten andere, als dass man sich selbst spürt bzw. sich etwas antut.

Wie kann man die Gefährlichkeit erhöhen?

Sie haben sich bei der Kapitelüberschrift nicht verlesen. In der Überschrift steht Gefährlichkeit *erhöhen* und nicht verringern. Der Gefährlichkeit von narzisstisch bearbeiteter Not kann man nur gänzlich entgehen, indem man sich von Menschen mit solchen Innenwelten fernhält. Das geht nicht immer. Ist man in sozialen Kontexten eingebunden, in denen man dem narzisstischen Versuch ausgesetzt ist, anderen eigenes Leid aufzubürden, dann sollte man (zumindest) nichts zusätzlich Ungünstiges tun, damit die *unumgänglichen Missliebigkeiten* nicht zu einem ausgeprägten Unglück anwachsen. Denn,

65 Ein Klient verglich sich mal mit einer Westernstadt im Film, die nur aus den Gebäudefronten besteht. Wenn man dort durch die Saloon-Tür geht, steht man in der leeren Wüste!

es sei nochmals klar gesagt – wann immer es möglich ist: Abstand halten.

Meist unbemerkt und unabsichtlich reagieren viele Menschen auf narzisstisches Leid allerdings verstärkend und stabilisierend. Deshalb ist es so wichtig, dass man diese ungewollte Unterstützung bemerkt und somit die Chance hat, eigenes Zutun zur Gefährlichkeit narzisstischen Agierens zu unterlassen. Ich möchte die beliebtesten Wege, wie man »co-narzisstisch« handeln kann, nun abschreiten.

Man pflegt Selbstkritik

Der erste und besonders wirksame Weg besteht darin, einer Kritik von Menschen mit narzisstischem Leid zusätzlich *Selbstkritik* an die Seite zu stellen. »Vielleicht liegt es ja doch an mir?« ist die wesentliche Frage, mit der man sich selbst zusätzlich verunsichern kann. Viele tun das fast reflexartig und kommen so gar nicht erst auf die Idee, der narzisstisch leidende Kritiker könnte an der problematischen Situation selbst wesentlich beteiligt sein oder sie gar verursacht haben. So ist man auch nicht »gefährdet«, einen Konflikt anzufangen. Erst recht rechnet man nicht damit, dass man einem *Ablenkungsmanöver* ausgesetzt sein könnte. Weil narzisstische Kritik oft sehr *eloquent* daherkommt, kann man zudem leicht der Meinung sein, sie sei auch *sachlich* richtig! Man lässt sich von der Wortgewalt und den gekonnten Argumentationen schnell und nachhaltig beeindrucken. Nur über die Richtigkeit ist damit nichts gesagt.

Für den Fall, dass jemand auch ohne den speziellen Kontakt mit Menschen in narzisstischer Not dazu neigt, automatisch bei sich die Schuld für etwas zu suchen, merkt er auch kaum mehr, wie sehr das eigene Muster dem Gegenüber hilft, ideale Vorstellungen von sich selbst aufrechtzuerhalten. Darum schaffen sich narzisstisch leidende Menschen gern ein Umfeld mit sehr selbstkritischen Leuten, sodass es für Fehler und Unzulänglichkeiten immer schon anderweitige Adressaten gibt. Es ist erstaunlich, wie etwa Teammitglieder narzisstisch leidender Vorgesetzter gewohnheitsmäßig bei Fehlern die Schuld auf sich nehmen, obwohl alle wissen, dass es die Führungskraft war, die die falsche Entscheidung getroffen hatte.

Deswegen ist automatisierte Selbstkritik im Umgang mit Menschen in narzisstischer Not sehr ungünstig. Man droht, damit jegliches Selbstbewusstsein einzubüßen, weil jeder Fehler auf das eigene Konto gebucht wird. Im Arbeitsumfeld kann einem dies leicht einen schlechten Ruf einbringen, den eigentlich die narzisstisch leidende Person »verdient« hätte. Irgendwann wird man sich selbst immer weniger zutrauen und dann tatsächlich mehr Fehler machen. Man gerät auf eine abschüssige Bahn.

Jegliches unreflektierte und willfährige Hinnehmen von Kritik wirkt auf narzisstisch Leidende ermutigend und sichert ihnen Erfolge auf Kosten anderer.

Man macht sich erpressbar

Der Versuch, die Kontrolle über andere Menschen zu erlangen, ist ein besonders gefährlicher Aspekt dessen, wie narzisstisch Leidende ihre Ängste vor Überfremdung und psychischer Invasion in Schach halten. Will man dieser Neigung günstige Bedingungen verschaffen, muss man etwas tun, wodurch man erpressbar wird. Das muss nichts Großes, Unmoralisches oder gar Illegales sein. Es reicht, wenn man anderen Personen etwas anvertraut, wofür man sich schämt. Ebenso »effektiv« ist es, gemeinsamen Besitz zu schaffen, der sich nicht ohne große Verluste wieder auflösen lässt. Enorm wirksam sind – so blöd das auch klingen mag – gemeinsame Kinder oder Unternehmen, die man nicht im Stich lassen will oder kann. All das hat ein »Potenzial«, wodurch man sich bindet und das einen veranlassen kann, in schlechter Abhängigkeit von narzisstisch leidenden Menschen zu verweilen.

Ist man schon in diese »Falle« getappt, hilft nichts anderes, als sich von der Bedeutung dessen, womit man sich schaden kann, zu lösen. Am schwierigsten ist das für die meisten Menschen begreiflicherweise bei gemeinsamen Kindern. Das ist folglich auch der Grund, warum so viele Menschen in Partnerschaften bleiben, die ihnen sichtbaren Schaden zufügen. Gerade deshalb ist die Selbstprüfung so wichtig, ob ein Ende mit Schrecken nicht dem Schrecken ohne Ende vorzuziehen ist. Am besten sucht man Gespräche mit

Freunden und Menschen, die unbestechlich und wahrhaftig sind. In solchen Fällen braucht man jemanden, der Klartext reden kann und einen nicht ungünstig schont. Ebenso hilfreich sind Freunde, die einem den Rücken stärken, wenn man wankelmütig wird und sich von den Ängsten umstellt sieht, die mit Trennungen einhergehen.

Man toleriert Einseitigkeit

Narzisstisches Leid ist ein Fass ohne Boden. Die gesamte gelebte Egozentrik und zur Schau getragene Gewinnermentalität verhilft nicht zu innerem Glück oder gar seelischem Frieden. Da Menschen in narzisstischer Not seelisch nicht satt werden können, werden sie unersättlich – immer mehr, immer ich, immer gleich. Das führt in Partnerschaften, am Arbeitsplatz, bei Freunden und überall sonst zu »Ich, ich, ich – zuerst!«.

Eine solche Einseitigkeit und Unausgewogenheit als Partner, Familienmitglied[66], Kollege, Freund, Kunde etc. zu tolerieren und sich selbst konsequent hintanzustellen ist eine weitere Möglichkeit, sich selbst zu gefährden. Je länger man es jemandem »durchgehen« lässt, sich mit egozentrischen, unlauteren und raffinierten Mitteln auf Kosten anderer zu optimieren, desto sicherer kann man sein, dass man das bereuen wird. Ist man erst mal als »Nahrungsquelle« identifiziert, wird man die saugende parasitäre narzisstische Not nicht mehr so leicht los. Vielleicht merkt man es zunächst gar nicht, wie man ausgebeutet wird, da z.B. hierarchische Strukturen ein solches Verhalten begünstigen: Professor/Student, Regisseur/Schauspielerin, Chefin/Mitarbeiter – die Rollenbeziehungen sind im Grunde in ihrer Einseitigkeit alle bekannt und werden immer mal wieder skandalträchtig ausgebreitet. Die Gefahr, dass man übersieht, wie sehr man sich – wie schon bei den Eltern – dafür aufopfert, dass das Wohlergehen der narzisstisch leidenden Person sichergestellt ist, ist hoch.

Die Entscheidung und die Bereitschaft von Personen, sich in ihrem jeweiligen Umfeld ausbeuten zu lassen, macht also narzisstisch leidende Ausbeuter erst so richtig mächtig.

66 Oft sind es die Schwiegerkinder oder -eltern, die sich der narzisstischen Symbiose verweigern und damit entsprechende Zerwürfnisse auslösen.

Man nimmt schlechte Behandlung hin

Eine weitere Möglichkeit, sich der Gefährlichkeit narzisstischer Not auszusetzen, ist es, wenn man erlittene Beschämungen duldet. Wer sich einmal beschämen lässt und Menschen mit narzisstischer Innenwelt nicht umgehend damit konfrontiert und eine Grenze markiert, wird immer und immer wieder aufs Neue mit derartigen Szenen rechnen müssen. Narzisstische Dynamiken brauchen Grenzen, sonst wuchern sie.

Im narzisstischen Kontext ist es nicht anders als bei anderen psychischen Themen: Aus Opfern werden Täter. Gerade weil Beschämungen so schlimm sind und eine der Quellen narzisstischer Musterbildungen darstellen, kommen narzisstisch leidende Menschen so ihrem Trauma zuvor: Sie beschämen andere, damit sie nicht von anderen beschämt werden. Wenn man das als Betroffener toleriert, schützt man sich selbst nicht und normalisiert ein solches Verhalten. Das wiederum macht den Täter sicher, und er wird es daher wieder tun. Er fühlt sich ermutigt, Angst zu verbreiten und damit Macht zu erlangen. Er wird systematisch austesten, wo die Grenzen der anderen sind, und wird versuchen, diese stetig zu verschieben. Beschämungen werden wuchern.

Besonders infam ist es, dass sich solche narzisstischen Täter durchaus entschuldigen können. Meist folgen darauf allerdings keinerlei Verhaltensänderung. Das wiederum hinzunehmen (s. Kap. 4, S. 68) ist nicht nur für einen selbst schlecht, sondern erhöht auch das destruktive Potenzial des anderen. Entschuldigungen ohne Konsequenzen zu akzeptieren fördert narzisstische Beschämungsgewalt.

Man bagatellisiert Lügen

Ein letzter Punkt. Ein Effekt dessen, dass narzisstische Not sich am Ideal und nicht an der Realität orientiert, ist, dass diese Menschen ihrem Ideal glauben und sich nicht oder kaum von der Realität belehren lassen. Das hat eine dramatische Konsequenz: Menschen in narzisstischer Not können eigentlich nicht lügen, da sie *glauben, die Wahrheit zu sprechen, wenn sie lügen*. Sie halten das, was für das jeweilige Umfeld eine Lüge ist, selbst für die Realität. Dadurch werden ihre Lügen so *glaubwürdig*. Das ist keine Absicht, es ist nicht unmoralisch und verwerflich, sondern schlicht die Folge der Notwendigkeit, unverbunden mit der Welt in genau dieser Welt zurechtzukommen. Der innere Film ersetzt ein wirkliches Verbundensein. Darum lässt sich dann sagen: »Es war gar nicht so!«

Genau deshalb ist es so gefährlich. Denn sehr häufig kann man beobachten, dass im Umfeld überzeichnende oder falsche Behauptungen narzisstisch leidender Menschen als Prahlerei oder als Notlüge abgetan werden. Mit jedem Mal, wo man solche Verhaltensweisen bei Kollegen, Partnern, Freunden oder Vorgesetzten deckt und schweigend quittiert, gießt man Öl ins Feuer einer irrealen Idealität. Haben Menschen in solchem Leid erst mal herausgefunden, dass sie damit durchkommen, werden sie ihre Lügengebäude weiter ausbauen. So wird man am schlechten Ende u. U. Heiratsschwindler, Plagiator, Urkundenfälscher, Abschreiber, führt komplette Doppelleben, erschwindelt Doktortitel, manipuliert Forschungsergebnisse oder demokratische Wahlen.

Alle, die daran mitwirken, tragen eine Mitverantwortung, wenn narzisstische Nöte diese Formen annehmen. Ich kenne persönlich kaum einen Fall, wo Menschen im Umfeld nicht vorher gewusst hätten, was sich abspielt. Also auch hier: *Don't blame the narcissist!* Wenn man sich selbst allerdings ernst nimmt und nicht in Selbstzweifel verfällt, dann gilt es, eine unvergleichlich schwerere Aufgabe zu meistern: Man droht in Konflikte mit Menschen zu geraten, mit denen nicht so gut Kirschen essen ist. Dazu braucht es durchaus Zivilcourage, denn die Rachegelüste narzisstisch Leidender sind – wie schon beschrieben – oft anhaltend.

9 WAS MUSS MAN TUN, UM NARZISSTISCHE NOT BEI SICH ZU LINDERN?

Man muss nichts mehr

Ging es in den letzten Kapiteln um das Umfeld, in dem narzisstische Not gedeiht, kehren wir nun wieder zurück zu den Menschen, die sich selbst mehr oder weniger davon betroffen fühlen.

Denn eine ganz wichtige Frage ist bislang offengeblieben: Kann man selbst etwas tun, um *eigene* narzisstische Not zu lindern? Die Antwort ist einfach: Ja, das geht – nicht immer, in der Regel nicht allein und keinesfalls nur durch Reflexion und Denken. Zudem braucht es Mut. Denn Mut braucht man immer dann, wenn man Grund hat, Angst zu bekommen. Genau das ist hier der Fall. Ängste sind nämlich der Preis, den man zu zahlen hat, wenn man anfängt, sich von narzisstischen Überlebensstrategien zu verabschieden, und sich dem zuwendet, was man immer schon war, aber noch nie richtig wahrgenommen und gelebt hat.

Damit ist die Spur gelegt zu den Fragen, die Sie aufgreifen können:

- Wer sind Sie, wenn Sie sich alles wegdenken, was Sie für erstrebenswert halten und was Sie bislang »aus sich gemacht« haben? Welche Empfindungen werden dabei wach?
- Wer sind Sie, wenn Sie alle äußeren Strukturen, Rollen, Konzepte, Erwartungen, Ideale loslassen? Können Sie drei Eigenschaften benennen, die nichts mit dem zu tun haben, was Sie tun, sondern die Ihnen auch eigen sind, wenn Sie einfach nur dasitzen?
- Was bleibt von Ihnen »übrig«, wenn Sie im Kontakt nichts mehr (an)bieten und für den anderen tun, was dieser attraktiv finden könnte? Können Sie glauben, dass sich Menschen ohne jedes Bemühen Ihrerseits zu Ihnen hingezogen fühlen?
- Was ist, wenn Sie nichts mehr zu sein versuchen, sondern einfach nur »nackt« da sind? Können Sie das genießen?
- Wenn Sie sich vorstellen, dass andere Sie in Ihrer Unvollkommenheit zu Gesicht bekommen, und Sie mit anderen Menschen in diesem Zustand in Verbindung sind, kommt dann Scham oder Erleichterung auf?
- Was wäre, wenn jemand anderer mitbekäme, dass Sie ein ganz gewöhnlicher Mensch sind?

Wenn Ihnen das reizvoll erscheint, können Sie gern folgenden Versuch wagen: Sagen Sie den folgenden Satz laut: »Ich bin ein ganz gewöhnlicher Mensch!« Stellen Sie sich währenddessen einen Ihnen wichtigen Menschen als Zuhörer vor.

Wenn Sie nämlich anerkennen, dass Sie ein ganz gewöhnlicher Mensch sind – was wir alle sind –, dann hat das weitere Folgen. Sie *müssen* dann nämlich nichts mehr:[67]

- Sie müssen nichts mehr sein, was Sie nicht sind.
- Sie müssen nicht *mehr* sein, als Sie sind.
- Sie müssen nichts mehr für andere tun, was Sie nicht tun wollen.
- Sie müssen nichts mehr fühlen, was Sie gar nicht fühlen.
- Sie müssen nichts mehr wollen, was Sie gar nicht wollen.

67 Das ist nicht zu verwechseln mit der rebellisch-trotzigen Haltung »Ich muss gar nichts!«. Wer nichts mehr aus sich machen muss, wird paradoxerweise frei, auch etwas zu tun, was ihm nicht entspricht.

Menschen, die bei den obigen Fragen keine so rechten Antworten finden oder auf sehr unangenehme Empfindungen stoßen, tragen mit einiger Wahrscheinlichkeit narzisstische Not in sich. Diese Not anzuerkennen ist der erste und wichtigste Schritt. Und doch – die schlechte Nachricht kommt nun: Der Weg ist damit nicht zu Ende. Die eigentlichen Schwierigkeiten beginnen erst. Vier weitere Schritte sind zu tun, um sich von diesem Leid zu befreien. Sie sind alle nicht leicht, aber machbar. Was hilft, ist Neugier auf die eigenen *Selbstüberraschungsfähigkeiten*. Denn die Psyche ist eine Quelle permanenter Überraschungen – sofern sie sich nicht hemmt.

Man stellt sich der Leere

Präsentiert man von sich nichts mehr mit der Absicht, dass ein Echo aus der Welt zurückkommt, kann sich die Erfahrung ausbreiten, dass man *nichts* ist. Das ist ein befremdlicher Satz. Denn im Ernst: Natürlich bleibt da was. Sie haben weiterhin einen Körper und damit Hunger, Durst und Verdauung. Sie atmen ein und aus. Sie sind wach oder müde. All das. Also muss der Satz mit dem »nichts« etwas anderes bedeuten. Er meint, dass da nichts in Ihnen spürbar ist, was Ihnen etwas bedeutet, ja vielleicht noch nicht mal so deutlich spürbar wird, dass Sie dem einen Namen geben könnten. Sie werden sich fühlen, als ob Ihnen nichts mehr wichtig ist oder werden könnte. Auch Ihr Selbstvertrauen liegt darnieder, ebenso Ihr Glaube, dass andere etwas an Ihnen anziehend finden könnten. Lohnt es sich da noch, das Leben sinnvoll und attraktiv zu finden und morgens aus dem Bett zu steigen?

Oft wird so ein Zustand »Depression« genannt. Das ist in diesem Fall falsch. Denn es handelt sich um keine »Krankheit« oder »Problem«, sondern um einen *ersten Schritt heraus auf dem Weg aus diesen Seelenmuster*. Es ist ein Ausdruck davon, dass Sie schrittweise loslassen, was Sie »aus sich gemacht haben«. Ohne Konzept, wie Sie sein sollen, um in dieser Welt einen Platz einnehmen zu dürfen, bleibt Ihnen nichts anderes als dieses »Nichts«. Es bleibt nur das Vertrauen, dass aus Ihnen selbst heraus etwas ist, entsteht und wächst. *Die eigenen inneren Quellen brauchen Zeit*, um wieder zu »blubbern«, da sie lange Zeit durch Wasserleitungen aus fremden Reservoirs ersetzt waren. So, wie ein Baby auf dem Wickeltisch blubbert und schaut, hört und spürt, was seine Aufmerksamkeit fesselt oder woran es das Interesse verliert. Ganz von selbst. Aus eigenem Antrieb. Ohne Zwang. Ohne Zweck. *Aus purer Freude an der Wahrnehmung.*

Man stellt sich der Unsicherheit

In dem Moment greift die nächste Schwierigkeit. Sie haben keine Erfahrung mit Blubbern. Sie wissen nicht, was dann geschieht. Oder Sie haben Angst, es könnte etwas Falsches vom Umfeld zurückkommen. Am Ende kommt gar nichts. Und dann? Dann stehen Sie da mit einem sanften und kaum merklichen Impuls. Am Ende will Sie keiner haben?

Diese Unsicherheit taucht so gut wie immer auf. Sie ist schlimm. Schlimm deshalb, weil das Blubbern kostbar ist und Sie sich daher verletzlich fühlen. Für den Fall, dass man anderen etwas vormacht und eine negative Reaktion folgt, trifft die Ablehnung eben nur das *Vorgespielte*. Dann spielt man beim nächsten Mal etwas Anderes, Besseres. Zeigt man sich aber pur, unverstellt und ungeschminkt, dann können kritische Reaktionen sehr wehtun.

Sie werden erleben, dass Ihnen das fehlt, was man landläufig Urvertrauen nennt.[68] Dieses besteht in der inneren Sicherheit, dass es ein Echo in der Welt gibt, das nahrhaft und angenehm ist. Ein Echo, in dem Sie sich wiederfinden und das nichts Verfälschendes und Verformendes an sich hat, sondern das ausschließlich eine Einladung zum Miteinander, zum gemeinsamen Schwingen beinhaltet. »Ich bin da, lass uns spielen!«, spricht das Gegenüber und gibt sich als jemand zu erkennen, in dem ebenfalls das Leben blubbert.

Man stellt sich der Einsamkeit

Somit sind wir beim dritten (Problem-)Schritt, dem Sie sich zu stellen haben. Denn genau dieses »Ich bin da!« kennen Sie nicht. Sie

68 In der Traumatherapie NARM (Neuroaffektives Beziehungsmodell) hat sich der Begriff Vertrauensüberlebensstrategie eingebürgert (Heller et al. 2014; Heller u. Doerne 2020; Heller u. Kammer 2023).

haben immer nur erlebt: »Du bist *für* mich da!« oder »Ich bin *für* dich da!« Aber ein einfaches Dasein eines anderen, das frei ist von Absicht, frei von Bespaßung, frei von eigener Bedürftigkeit – das haben Sie nicht oder zu wenig bekommen. Freude am Miteinander ohne pädagogische Absicht (»Heute kannst du aber schon viel besser das Köpfchen heben!«), ohne Wunsch nach Aufheiterung (»Lach doch nochmals die Mama/den Papa so fröhlich an!«), ohne Zirkusauftritt (»Magst du der Tante nicht mal zeigen, wie gut du schon puzzeln kannst?«). Einfaches Miteinander: Gibt es das?

So werden Sie sich mutterseelenallein fühlen. Auch dann, wenn Ihr gegenwärtiges Gegenüber – Partner, Therapeut, Freund – absichtslos und präsent da ist. Erst mal werden Sie es über lange Zeit mit dem Schmerz von tiefer Einsamkeit zu tun bekommen. Auch das tut weh und kann Gedanken aufbringen, ob man es doch wieder mit der alten Taktik versuchen soll. Aber Sie werden merken: So einfach geht es nicht mehr zurück. Es wird sich schal anfühlen, falsch, vielleicht sogar eklig. Diese Einsamkeit verschwindet nicht auf einen Schlag. Sie verdunstet eher. Oder sie lichtet sich wie Morgennebel an einem Sommertag.

Man lernt, sich zu umhegen

Aufgehende Sonne wärmt ähnlich wie menschlicher Kontakt mit offenem Herzen. Darum geht es beim letzten Schritt, der aus dem narzisstischen Leid herausführt. Sie werden lernen müssen, die Wärme anderer Menschen an sich heranzulassen.

Das klingt komisch? Ist es leider nicht. Es kann sich entsetzlich anfühlen zu merken, wie gut es tut, die Zugewandtheit eines Gegenübers wahrzunehmen und *gleichzeitig* die Angst zu spüren, dass man davon abhängig wird. Der andere könnte *zu wichtig* werden und am Ende in dem Moment gehen, wenn man ihn am meisten braucht. Diese elementare Sorge, dass das Umhegtwerden abbricht, *bevor es genug ist*, wird sich ausgesprochen unangenehm anfühlen. Sie werden vorsichtig sein, angespannt, misstrauisch. Vielleicht werden Sie versuchen, den anderen zu kontrollieren, und das Miteinander eher selbst abbrechen wollen, bevor es der andere tut.

Irgendwann werden Sie beschließen, sich so pur und blubbernd, wie Sie sind, *fallen zu lassen*. Dann sind Sie der narzisstischen Not entkommen. Jetzt beginnt Ihr eigenes, unverwechselbares *gewöhnliches* Leben. Wenn etwas Besonderes in Ihnen entsteht, dann, weil es im Verbundensein mit anderen erwächst. Aber nicht mehr, weil es sein muss, und erst recht nicht mehr, weil Sie selbst es brauchen und davon abhängig sind.

Sie sind, was Sie sind.

10 WIE KANN MAN NARZISSTISCHE NOT BEI ANDEREN ERKENNEN?

In diesem Kapitel möchte ich die Perspektive neuerlich wechseln und zugleich eine Lücke füllen, die das Buch bis hierhin hat entstehen lassen. Denn alles, was ich bislang über narzisstische Not geschrieben habe, hilft nur dann, wenn man narzisstische Atmosphären auch erkennen kann, wenn man ihnen begegnet bzw. sich in ihnen bewegt. Niemand kann in andere hineinsehen. Wie kann man Hinweise darauf bekommen, dass *andere* narzisstisch leiden? Was könnte darauf hindeuten, dass ein bestimmtes Verhalten des Gegenübers durch narzisstische Not hervorgerufen wird oder erklärbar wird?

Bei diesen Fragen – im medizinischen Kontext nennt man es Diagnostizieren – kommt man in vermintes Gelände. Die Problematik von psychologischen Etiketten habe ich ganz am Anfang des Buches schon benannt. Psychologisierende Zuschreibungen wie »Du Narzisst!« schaden allen und helfen niemandem. Wenn man auf Etikettierungen verzichtet, hat man allerdings das Problem, das man mit diesem Mittel versucht zu lösen, wieder auf dem Tisch liegen. Welche anderen Möglichkeiten gibt es, diese Art der Psychologisierung zu vermeiden?

Eine andere – ebenfalls ungünstige – Variante, die oft gewählt wird, um dem Dilemma zu entkommen, ist: Man überlässt es »Experten«, solche Einschätzungen vorzunehmen. Damit überschätzt man einerseits diese (auch Fachdiagnosen im psychologischen Bereich sind sehr irrtumsanfällig), zum anderen hilft das nicht bei der eigenen Notwendigkeit, Menschen und Beziehungen einzuschätzen. Bleibt man ohne Bildung und Kompetenz in diesem Bereich, verharrt man in einer ungünstigen Naivität. So kann man den Menschen mit narzisstischer Not eben fälschlicherweise für selbstbewusst und führungsstark halten oder erkennt nicht, wenn man sich in einer toxischen Beziehung befindet.

Das ist der Grund, warum ich nun gezielt Hinweise geben möchte, *wie man in der unmittelbaren Begegnung mit anderen erspüren kann*, ob narzisstische Not mit im Spiel ist. Das Wichtigste ist, es *nicht* an dem festzumachen, was jemand tut, sondern an dem, *wie man selbst darauf reagiert*! Das ist ein großer und entscheidender Unterschied.

Verlässt man sich bei dieser Frage nämlich auf *Verhaltensweisen* des Gegenübers, ist das sehr irrtumsanfällig. Einzelne Verhaltensweisen können sehr unterschiedlichen Nöten oder Bedürfnissen dienen. Vom Verhalten auf dessen Funktion zu schließen ist gefährlich. Freut sich jemand über einen Erfolg und jubelt, dann kann das Ausdruck von Stolz oder Ausdruck von narzisstischem Triumph sein. Die »Information«, welche Funktion bestimmte Verhaltensweisen haben, gewinnt man letztlich nur durch einen intensiven Dialog mit dem entsprechenden Menschen.

Günstiger ist es, wenn Sie über das eigene Erleben und Mitschwingen Hypothesen entwickeln. Damit stecken Sie weder Menschen in Schubladen, noch bilden Sie Vorurteile, sondern nehmen sich radikal mit den *eigenen* Empfindungen ernst und lernen, diese auszuwerten. Sie schreiben nicht anderen etwas zu, sondern achten die eigene Resonanz.

Die Orientierung, die man braucht, findet man also in sich selbst. Jedoch wohnt diese nicht im Kopf, sprich man erreicht sie nicht durch Nachdenken. Stattdessen liegt sie in der Selbstwahrnehmung: Emotionen, Körperempfindungen, aufkommende innere Bilder und Handlungsimpulse. All das liefert die Informationen, die Sie brauchen, um eine Orientierung im Umgang mit anderen Menschen in Summe zu finden. Für den Umgang mit narzisstischer Not gilt es in besonderem Maße. Diese Art der »Wahr-Nehmung«[69] läuft unter Begriffen wie Intuition, Resonanz oder auch (in tiefenpsychologischer Terminologie) Gegenübertragung. Man kann das lernen, indem man es übt, verfeinert, ausbaut und differenziert. Das muss man weitgehend selbst tun, weil unser Bildungssystem ein Auswerten der eigenen Empfindungen nicht systematisch oder gezielt lehrt – im Gegenteil.

Daher versuche ich, hier ersatzweise eine kleine Anleitung anzubieten, wie Sie die Sensibilität, die jeder Mensch hat, bewusst nutzbar machen können. Denn eins muss klar sein: Die eigenen Empfindungen sind *immer* für die Entwicklung von Beziehungen wirksam. Wer sie nicht bewusst und reflektiert schult und nutzt, den leiten sie trotzdem – dann unbewusst und unbemerkt. Das macht die Sache nicht besser. Deshalb ist eine aufgeklärte und geklärte Resonanz so wichtig, in der man fähig ist zu merken, wann und wie die eigenen Reaktionen Hinweise auf die empfangenen Reize sein können.

Welche Art von Resonanz ist also »typisch« in der Begegnung mit Menschen in narzisstischen Nöten? Zunächst ist wichtig: Es gibt nicht *den einen* Indikator! Keiner der folgenden zwölf Punkte ist für sich allein hinreichend. Jeder dieser Punkte kann einfach eine situative, passende Reaktion auf das momentane Verhalten einer Person sein und nichts mit narzisstischer Not zu tun haben. Tragfähig und relevant werden solche Resonanzen, wenn sie ein paar weitere Kriterien erfüllen:

- Sind die Reaktionen innerlich *prägnant*, angemessen und klar?
- Sind *mehrere* der Punkte gegeben?
- Sind es *wiederkehrende* Empfindungen?
- Sind sie in *unterschiedlichen* Situationen erlebbar?

Erst wenn man alle vier Fragen mit Ja beantworten kann, zieht man Nutzen aus dem, was ich nun erläutern möchte. Dabei werden Sie manches von dem, was ich schon erläutert habe, wiederentdecken.

69 Man kann das auch unter »Wahr-Gebung« fassen, siehe dazu ausführlich: Arnold 2023.

Fassaden

Die Resonanz, mit der ich beginnen möchte, dreht sich um eine bestimmte Weise von Perfektion im Auftritt einer Person. Es geht um Begegnungen, wo man den anderen als »perfekt« erlebt und gleichzeitig innerlich darüber erschrickt. Man fragt sich: »Kann jemand scheinbar so *makellos* klug, schön, unfehlbar, einfühlsam, wissend oder unverletzlich sein?« Man staunt, ist wie geblendet. In jedem Fall fühlt man sich beeindruckt, kommt vor sich selbst schlecht weg, schaut an sich herunter, wird zaghaft, zaudert und beschränkt sich aufs bewundernde, distanzierte Zuhören oder Zuschauen.

Das *kann* ein Hinweis sein, dass man auf eine narzisstische Fassade reagiert und letztlich spürt, dass die Perfektion zur Tarnung der Leere dient. Weil der andere so vollkommen ohne Fehler oder Zweifel erscheint, verlagern sich Unvollkommenheitsgefühle auf die eigene Person. Man fühlt sich schlechter, dümmer oder hässlicher, als man das üblicherweise tut. Der andere ist ein Booster für Selbstzweifel und Selbstkritik. Man gleicht den Mangel auf der anderen Seite gewissermaßen aus.

Sollte man selbst allerdings persönlich *immer* im Selbstzweifel sein, fällt man als Resonanzwesen aus. Denn dann ist die eigene Reaktion *keine* Resonanz *auf die Situation*, sondern das, was man selbst dort hineinträgt. Weil dem so sein kann, braucht es die schon angesprochene Sorgsamkeit.

Leistungsideale

Das zweite Phänomen, für das ich sensibilisieren möchte, ist die freiwillige Unterwerfung bei anderen in Bezug auf hohe Ansprüche und Ziele. Man erlebt so jemanden als *ständig* verbesserungswillig und *ausnahmslos* leistungsbereit. Die Bereitschaft, äußere Anforderungen und Erwartungen – »*Go for the extra mile!*« – zu bedienen, ist *automatisiert*. Man spürt, dass der andere gar keine Wahl hat. *Reflexhaft* bedient er sofort und ohne Zögern die Aufgabe als *Herausforderung*, der man sich zu stellen hat. Die Dienstleistungsbereitschaft ist ohne Spielraum, ein Nein kommt nicht infrage.

Als Gegenüber beginnt man, sich seinerseits unfrei, eng zu fühlen, und meist macht sich etwas Mitgefühl breit. Ohne es genau erklären zu können, fühlt man sich unbehaglich, merkt, wie viel Härte beim anderen im Selbstumgang liegt. Die Neigung zur Selbstverbesserung beeindruckt, ist allerdings nicht wirklich attraktiv. Vielleicht macht sich auch ein subtiler Drang zum Konkurrieren breit. Oder man möchte helfen, dass der andere diese Ziele erreicht – dann positioniert man sich als »Helfer«.

Dies kann alles darauf hindeuten, dass man den inneren Druck des anderen, immer und überall »liefern« zu müssen, wahrnimmt und die narzisstische Not, ohne Leistung ein Niemand zu sein, emotional aufgreift. Wichtig ist es hier, genau zu schauen: Strengt sich jemand *gern* an oder *muss* er sich anstrengen? Die hier geschilderte Resonanz gilt also dem Zwang, nicht der Anstrengung als solcher! Das wäre auch absurd, weil Menschen sich gern anstrengen und das genießen können. Achten Sie mal darauf, wenn Sie Jogger beobachten, ob deren Anstrengung für Sie etwas Getriebenes oder einfach nur Angestrengtes ausdrückt.

Ekel

Der dritte Triggerpunkt, der von narzisstischen Mustern ausgehen kann, besteht in einer »aufgesetzten« Zugewandtheit. Man erlebt jemanden als übertrieben freundlich oder gar überschwänglich und so, als ob man schon 30 Jahre befreundet wäre. Alles nett, aber irgendwie nicht passend, austauschbar und unbezogen. Man fühlt sich als Gegenüber von der »Freundlichkeit« nicht gemeint.

Dabei entsteht das Gefühl, dass einem etwas vorgespielt wird. Im Kern fühlt man sich im Zusammensein einsam und nicht wirklich gemeint. Damit geht zumeist ein subtiler Ekel vor der Ausstrahlung des Gegenübers einher. Es fallen einem dann für die eigenen Empfindungen Worte wie schleimig, devot, ergeben oder schlüpfrig ein. Das kann man weder leicht wahrnehmen noch sich so einfach eingestehen, weil Ekel ein sehr tabuisiertes Gefühl ist – zumal man es sich nicht so recht erklären kann, weil der andere ja so »nett« ist.

Der Ekel wäre in dem Fall allerdings die psychophysische Reaktion auf das in Kapitel 4 (s. S. 72) erwähnte »erweiterte Selbst«. Man reagiert auf das ungewollte Eindringen in die Selbstschutzzone. Zugleich enthält der Ekel die Information, dass man das Gegenüber *nicht* kontaktvoll erleben kann, weil der Kontakt nichts Persönliches, nichts Verletzliches, nichts Bezogenes enthält. Auf ein »unechtes« Nähe-*Schauspiel* reagiert man eben instinktiv anders als auf echtes Interesse. Die »Inszenierung« von Kontakt ist die Qualität, auf die man zu Recht mit innerer Abscheu reagieren kann.[70]

Langeweile

Eine weitere Möglichkeit, auf narzisstische Not aufmerksam zu werden, liegt in bestimmten Mustern der Gesprächsgestaltung.

Jemand erzählt ausschweifend von sich. Er sucht dabei kein Gespräch, sondern bleibt im Sendemodus. Oft entsteht das Gefühl, der andere würde nur an einen »hinreden«, wie ein Lautsprecher, der nicht aufs Gegenüber achtet.

Auch nach längerem Miteinander hat der andere nichts von einem selbst erfahren, da kaum Fragen im Spiel sind. Jedes Stichwort, das man selbst ins Gespräch einbringt, dient dem anderen wiederum nur dazu, ausgiebig mit eigenen Redebeiträge zu reagieren. Wenn man sich der Situation nicht entziehen kann, beginnt man, automatisiert zuzustimmen, und geht in die Anpassung.

Das führt dazu, dass sich eine subtile Langeweile breitmacht. Man fühlt sich als Zuhörer *benutzt*, da man das Gefühl hat, der andere erzählt es überhaupt nicht einem selbst, sondern er braucht nur unser bestätigendes »Ah, ja?«. Eine solche Form der Langeweile könnte eine Reaktion darauf sein, dass man zur narzisstischen Selbstbespiegelung benutzt wird. Man ist nicht Mensch, sondern Echowand im Spiel einer narzisstisch leidenden Person. Das Wichtige daran: Man mache sich klar, dass der andere dabei genauso einsam und unbezogen bleibt, wie man sich selbst fühlt. Am eigenen Erleben lässt sich also studieren, wie es im anderen ausschauen könnte.

---

70 Kleine Kinder, die dazu aufgefordert werden, der »Tante« doch einen Begrüßungskuss zu geben oder sich umarmen zu lassen, reagieren auf die verordnete und nicht in der Beziehung gegründete Nähe mit Ablehnung und Abscheu. Sie merken, es geht gar nicht um sie, sondern der Besuch will sich in und an der Begrüßung »gefallen«!

Kontrollversuche

Auf eine spezielle Art des Auftretens von Menschen in narzisstischer Not gibt es eine weitere markante Gegenreaktion. Es geht um scheinbare »Souveränität«. Jemand beherrscht die Szene, redet laut, gestaltet die Interaktionen, manövriert die Menschen zu- oder auseinander und bestimmt die Themen. Die Atmosphäre im Raum ist dicht, und das Gefühl könnte dem gleichen, an der Wand zu stehen – es gibt keinen Platz in dem »Gespräch« für Eigenes, außer man erkennt das an, was das Gegenüber schon gesagt hat. Der Mensch in narzisstischer Not kontrolliert die gesamte soziale Situation.

In Ihnen entsteht die diffuse Angst, etwas Falsches zu sagen und dem anderen auf die Füße zu treten. Die Befürchtung, beschämt zu werden, kommt ebenso auf wie ein subtiler Druck, dem anderen zustimmen zu sollen. Wenn sich nun diese Ängstlichkeit in Ihnen weiter breitmacht, Sie sich dauerhaft anspannen und den Wunsch entwickeln, der Situation zu entkommen, dürfen Sie den Gedanken fassen, dass Sie auf die Not des anderen reagieren.

Dies kann oft der Instinkt für die lauernde Aggression hinter der vordergründigen Souveränität dessen sein, der die Kontrolle hat. Man ahnt beim Betroffenen die beeinträchtigte Fähigkeit zu Schuld- und Schamgefühlen, da dieser sich sonst gar nicht so ich-bezüglich in Szene setzen könnte. Jeder andere würde den Impuls spüren, dass auch andere ins Spiel kommen. Fehlt diese Art der Regulation, ist das wiederum ein starkes Indiz für narzisstisches Leid.

Kritikdrang

Eine der eindrücklichsten Reaktionen auf Menschen in narzisstischem Leid ist der Drang, ihnen Feedback geben zu wollen, ja zu müssen. Wie läuft das ab?

- Jemand ist sehr selbstgefällig, findet sich gelungen und begehrenswert.
- Jemand bewundert etwas oder ein Vorbild hemmungslos und vollkommen schwärmerisch.
- Jemand jammert und findet grundsätzlich alles furchtbar und sieht die Welt als von Nieten bevölkert an.

Jede dieser Einseitigkeiten und die wasserdichte Überzeugtheit von sich oder der geäußerten Weltsicht ruft in einem selbst den Wunsch auf, mithilfe von kritischem Feedback die Verhältnisse ausgewogener und differenzierter zu zeichnen. Man will am Lack der Fassade und der Übertriebenheit kratzen. Im anderen Fall kann man wegen all der Missstimmung und dem Leid, das über einen schwappt, ungeduldig und genervt werden. Die Einseitigkeit und das Übermaß, mit der sich Menschen in narzisstischer Not oft zeigen, regt zu Widerspruch an. Man fühlt sich im Zusammensein allein und versucht deshalb, über Kritik mit dem anderen in Kontakt zu kommen bzw. irgendwie »Wirkung« zu erzielen. Das Gefühl, keinerlei Relevanz zu haben, ist schwer tolerierbar.

Der entstehende Drang zum Feedback sowie die Genervtheit lassen sich jedoch als Hinweise verstehen, dass man sich selbst *echten* Kontakt wünscht. In beiden geschilderten Varianten fehlt dieser, weil der andere sich in keiner Weise auf sein Umfeld bezieht. Weil man sich mit Menschen in narzisstischer Not auf subtile Weise immer allein fühlt, sind Versuche über Kritik an sie heranzukommen, so naheliegend und daher bedeutsam, um das Gegenüber zu verstehen.

Inkompetenzgefühle

Ein häufig vorkommendes Phänomen im Zusammensein mit Menschen in narzisstischen Nöten ist deren Neigung, ungefragte Ratschläge zu geben, da sie Unwissenheit und Unsicherheit bei anderen zur Aufwertung in der Beziehung nutzen. Sobald ein Problem im Raum ist, wird es von narzisstisch leidenden Personen mit Ratschlägen umzingelt. Wenn man selbst der Problemgeber ist, kann man sich klein fühlen, an seinem Verstand zweifeln und recht rasch meinen, rundum inkompetent zu sein.

Das kann ein starker Hinweis darauf sein, dass man einem Phänomen ausgesetzt ist, das man in der Psychologie projektive Identifikation[71] nennt. Was ist damit gemeint? Es bezeichnet das (Übertragungs-)Phänomen, dass man die Gefühle spürt, die das Gegenüber

71 Siehe dazu beispielsweise Mentzos 2009, S. 45; Doering 2022, S. 66–77; Kernberg 2006, S. 510 f.

nicht erleben will. Da narzisstisch Leidende Abhängigkeit von anderen unbedingt meiden wollen, versucht er, solche Empfindungen bei anderen hervorzurufen, indem er sich wichtigmacht. »Erlebe du die Unsicherheit, die ich nicht aushalte, damit ich die Kontrolle über dich bekomme!« So könnte man die unbewusste Botschaft in einen Satz bringen.

Aus diesem Grund sind solche *Umschwünge* im eigenen Kompetenzerleben mit besonderer Aufmerksamkeit zu belegen. Wer so etwas in sich wahrnimmt, sollte sich also – unter den zu Beginn des Kapitels genannten vier Randbedingungen – grundsätzlich die Frage stellen, ob er dem Export eines fremden Gefühls ausgesetzt ist und das ein guter Hinweis für die Not des Gegenübers sein könnte.

Anerkennung wollen

Ein weiteres Indiz für narzisstische Nöte ist, wenn jemand eine wichtige Rolle innehat, Einfluss und Macht im sozialen Feld besitzt und im Umfeld der Wunsch wach wird, *von dieser Person gesehen und gemocht zu werden.* Man wäre gern Teil seiner/ihrer »Clique«, Mitglied im »Team« oder in anderer Weise »wichtig«. So beginnt man zu überlegen, was man dafür tun könnte. Wenn man solche Gedanken und Impulse nicht so recht loswird, kann das eine Bedeutung haben. Es könnte ein Hinweis darauf sein, dass man den Dunstkreis eines »erweiterten Selbst« einer narzisstisch leidenden Person betreten hat. Die Ahnung, man könnte missbraucht werden, bei gleichzeitigem Sog, dabei sein zu wollen, löst – wenn man genau hinspürt – subtile Ängste aus. Denn man gerät in eine Situation, wo man die Wahl zwischen drinnen/draußen bzw. Freund/Feind hat. Man möchte naheliegenderweise der/die Auserwählte sein. Der Wunsch nach Zugehörigkeit lässt sich somit als Ausdruck der Hoffnung verstehen, dass man sich vor dem Ausschluss oder Übergangenwerden zu schützen versucht. Wenn es gelingt, ein solcher »Teil« dieses erweiterten Selbst zu werden, wiegt man sich in Sicherheit. Sofern Sie einen derartigen Sog spüren, empfiehlt es sich, innezuhalten und genau zu prüfen, was gerade vor sich geht.

Beschämungen

Beschämungen anderer sind ein häufiger Notbehelf für Menschen in narzisstischer Not.

Wird man selbst oder ein anderer Opfer von öffentlichen – also in der Anwesenheit anderer ablaufenden – Beschämungen, kann es sein, dass man schon währenddessen den Drang verspürt, diesen Vorgang zu *bagatellisieren*. Nimmt man diese Versuchung in sich wahr, ist das vermutlich ein relevantes Signal. Narzisstisch motivierte Beschämungen lösen nämlich meist zusätzlich zur Scham auch Angst aus. Deshalb empört man sich nicht, weil man die hinter der Beschämung lauernde harte Aggression ahnt. Oft lässt sich beobachten, dass sich die Opfer (!) gedanklich oder auch verbal gegenüber dem Beschämer entschuldigen: »Tut mir leid, dass ich mich so dumm angestellt habe!« Zusätzlich versucht das Opfer manchmal sogar selbst, wiedergutzumachen, was der andere angestellt hat, und tut so, als sei nichts gewesen. »Das hat er gar nicht so gemeint, und es war doch wirklich witzig!« So entsteht eine Täter-Opfer-Umkehr, und zur Fremdbeschämung kommt die Selbstbeschämung. Sind Sie Zeuge solcher Vorgänge oder eben selbst betroffen, dann rechnen Sie damit, dass Sie es mit narzisstischen Kommunikationsmustern zu tun haben.

Es kann ein besonders deutlicher Hinweis sein, dass man auf diese Weise versucht, durch eigene (Pseudo-)Souveränität keine Angriffspunkte für das narzisstische Radar zu liefern. Wenn man merkt, dass man sich besser keine Schwachstellen gibt, ist es Zeit zu überlegen, was man dadurch über den anderen erfährt. Das ist allerdings nur dann verlässlich, wenn man selbst die Fähigkeit ausgebildet hat, sich nicht fremdzuschämen oder beschämen zu lassen – d. h. eine hohe Schamkompetenz und -unabhängigkeit. Denn natürlich gibt es auch Menschen, die sich grundsätzlich schämen oder schuldig fühlen, wenn andere etwas falsch machen. Immer dann, wenn Sie selbst von reflexhaften Standardreaktionen und -gefühlen geprägt sind, ist Ihre Resonanz auf andere kein zuverlässiger Indikator, der Ihnen Orientierung zu anderen Menschen gibt.

Falsche Anerkennung

Besonders heikel und beachtenswert ist es, wenn jemand andere *überschwänglich lobt* und dies der Sache und Situation nach zu stark, zu *übertrieben* oder zu *früh* ist.

»Das ist ja eine großartige Präsentation!«, »Oh, das ist der beste Kuchen, den ich je gegessen habe!«, »Ich finde, das ist das wertvollste Feedback, das ich je erhalten habe!« Sie kennen sicher selbst Beispiele. Wenn Sie ein solches Lob glauben *wollen*, obwohl man skeptisch ist, ob es wirklich einem selbst und der erbrachten Leistung gilt, dann könnte es sein, dass Sie manipulierenden narzisstischen Impulsen ausgesetzt sind. Denn etwas glauben zu wollen kann ein Ausdruck davon sein, dass Sie die Beziehungsunsicherheit, die narzisstisch leidende Menschen oft anderen zumuten, beruhigen wollen. Frei nach dem Motto: »Wenn er mich schon so lobt, dann muss er mich doch mögen!« Im Zusammensein mit narzisstischer Not anderer droht man, falsche Anerkennung naiv zu glauben. Günstiger ist es, genau hinzuschauen und zu differenzieren.

Ansprüchlichkeit

Unterschätzt wird oft die Bedeutung von Ansprüchlichkeit. Menschen in narzisstischer Not sehen es oft als vollkommen selbstverständlich an, dass ihre Erwartungen erfüllt werden. Andere sollen ihre Wünsche priorisiert behandeln, wegen ihrer Anliegen sollen andere selbstredend sich selbst zurücknehmen – die Betroffenen sehen sich als Opfer und sind auch in der unverantworteten Not zu priorisieren. Ist man einer solchen Egozentrik ausgesetzt, merkt man es entweder daran, dass man empört oder zumindest verstimmt ist. Es kann auch sein, dass man sich selbst Druck macht, diese Wünsche zu bedienen. Nein-Sagen ist gefühlt keine Option. »Du willst es doch auch (…, dass wir gewinnen, Erfolg haben, rechtzeitig da sind etc.)!«

Solche Vereinnahmungsgefühle oder »Wie kann der nur (sich so vordrängeln)?« können ein deutliches Indiz sein, dass das Gegenüber Sie nicht als eigenständiges Wesen emotional wahrnimmt.

Damit hat man einen Hinweis, wie allein und isoliert der andere sein könnte und wie wenig er daran glaubt, dass andere sich seiner annehmen und in Resonanz gehen. Das wiederum deutet auf narzisstisches Leid hin.

Retterohnmacht

Eine nicht unwesentliche Quelle der Macht von narzisstischem Leid liegt in der Art, wie Menschen sich damit identifizieren können und es offensiv zur Schau stellen. Kennen Sie Menschen, die immer jammern? Die immer einen Grund zur Klage haben? Denen immer übel mitgespielt wird? Und die immer davon erzählen? Permanent. Ausgiebig. Dann kennen Sie vielleicht auch das Gefühl von Hilflosigkeit und Ohnmacht. Sie ahnen, dass es aussichtslos ist, zur Besserung beitragen zu wollen. Sie hören zu und wollen es doch nicht.

Dies kann ein Hinweis darauf sein, dass jemand seine Not narzisstisch ausnutzt und *grandios leidet*. Die Ahnung oder Erfahrung, dass nicht zu helfen ist, ist ein implizites Wissen, dass der andere sich nicht helfen lassen *will*, weil »An-der-Welt-Leiden« seine (einzige) Identität darstellt – also auch hier ein Hinweis auf narzisstische Not, die in der Grandiosität des eigenen Leidens einen Lebensinhalt schafft.

Aggressivität

Der letzte Punkt bezieht sich auf Situationen, in denen Menschen in narzisstischem Leid sich auf eine Art und Weise benehmen, dass Sie vor Wut, Empörung und dem Wunsch draufloszuschlagen nicht mehr ein noch aus wissen. Narzisstische Egozentrik, Herabwürdigung anderer oder ausbeuterisches Verhalten kann im Umfeld sehr elementare Formen von Aggression wachrufen.

Hier ist es wichtig, dies zunächst als Information und nicht als Handlungsimpuls zu nutzen. Wer seinerseits losschreit, verbessert meist nicht die Situation. Versteht man die innere Gefühlslage als Indiz, dass der andere ohne innere Hemmung seine »Überlebensstrategie« auslebt, dann kann man die eigene Wut nutzen, um Grenzen zu setzen oder auch das Verhalten zu stoppen. Hat man sich das vorab klar gemacht, dient die eigene Wut der Grenzsetzung und nicht der »Vernichtung« des anderen. Man handelt dann *für sich* (oder andere Betroffene) und nicht *gegen den anderen*. Deshalb ist gerade auch als Coach und Therapeut wichtig, sich nicht alles bieten zu lassen. Klare und eindeutige Grenzen zu setzen ist unerlässlich. Genauso wichtig ist es, solche inneren Empörungszustände *auch* zum Verständnis des Gegenübers zu nutzen. Die Kunst besteht darin, beides miteinander zu vereinbaren.

Schlussfolgerung: Resonanz ist der Schlüssel

Die hier geschilderten Zusammenhänge beschreiben, wie man eigene Resonanz nutzen kann, um Situationen und Beziehungserfahrungen auszuwerten und zu deuten. Speziell im Kontext von narzisstischen Nöten ist das unabdingbar, um zu einer Orientierung zu kommen und Einschätzungen vorzunehmen, die das eigene Verhalten wiederum steuern.[72]

Die Not des Gegenübers stimuliert etwas. Es kommt darauf an, diese Echos auszuwerten und nutzbringend einzusetzen. Dann ist man nämlich in Verbindung mit seinem Gegenüber. Wenn es Resonanzlosigkeit bzw. Resonanzverfälschung war, die zu narzisstischem Leid geführt hat, liegt es auf der Hand, dass es wichtig ist, dies in Begegnungen privater oder professioneller Natur nicht zu wiederholen, indem man einer narzisstischen Show auch noch applaudiert. Stattdessen gilt es, alles zu tun, um in ein *gemeinsames Schwingen* zu kommen.

Damit Ihnen das gelingt, müssen Sie lernen, die eigene Resonanz radikal ernst zu nehmen und sie *gleichzeitig* konsequent von dem zu unterscheiden, was man üblicherweise Vorurteile nennt. Vorurteile sind innere Bewertungen. Sie gründen auf Ihren *Ansichten* – also auf Werten und Meinungen. Das ist die Grundlage für Klischees, für das Denken in Schubladen, für das Einsortieren in eigene Schemata oder falsche Psychologisierungen.

Resonanz hingegen basiert – wie geschildert – im Erleben und Erspüren. Auch diese Erkenntnisvorgänge können getrübt und verzerrt

72 Zum psychologischen Begriff Resonanz siehe auch: Doering 2022; Staemmler 2021; Reddemann 2016; Ludwig-Körner 1991; Nerenz 1997.

sein. Das sind sie insbesondere dann, wenn Sie selbst narzisstisch leiden. Dann könnte etwas attraktiv werden, das beim anderen aus Not geboren ist, oder Sie stören sich fälschlicherweise nicht an den subtilen Manipulationen von Menschen in narzisstischer Not. Meistens jedoch nimmt man einen oder mehrere der eben dargestellten Trigger wahr und reagiert auch darauf – ohne es in der gebotenen Weise wirklich ernst zu nehmen.

Diese Wahrnehmungskompetenz braucht man in dieser Gesellschaft möglichst schon als normaler Mensch. Ganz besonders jedoch braucht man sie in Rollen, in denen man Menschen in narzisstischen Nöten berät und coacht.

11 WAS MUSS MAN TUN, UM NARZISSTISCHE NOT GUT BERATEN ZU KÖNNEN?

Ein Ausstieg aus narzisstischen Nöten ist keine einfache Sache – schon gar nicht allein. Daher braucht es dafür in aller Regel kompetente Begleitung. Dabei ist es nachrangig, wie man die Rollen bezeichnet, die sich dafür eignen, Menschen mit solchen Innenwelten zur Seite stehen zu können: Psychotherapeuten, Sozialarbeiter, Coaches, Ärzte, ...! Man kann aus all dem, was ich bisher in diesem Buch beschrieben habe, die Ahnung entwickeln, dass es auch aufseiten der helfenden Berufe sowohl Fallen als auch Kompetenzen geben wird, die sich im Umgang mit narzisstischem Leid eher ungünstig oder günstig auswirken. Daher wenden wir uns nun der Frage zu, was dann im professionellen Umgang hilfreich und schädlich ist, wenn Menschen mit narzisstischen Nöten Beratung und Hilfe suchen.

Die beliebtesten Fallen

»Tu, was ich will!«

Der in narzisstischen Nöten verstrickte Klient geht mit dem Coach, Therapeuten oder Berater erst mal nicht anders um als mit dem Rest der Welt: Er versucht, die Kontrolle zu erlangen und zu behalten. Dazu macht er sich die Rolle des Auftraggebers zunutze. Denn: Wer zahlt, schafft an. Die Botschaft ist: Ich kenne mein Problem, weiß, was für mich gut wäre, und du musst mir helfen, dahin zu kommen, wo ich hinmöchte. So wird man als Coach oder Therapeut instrumentalisiert, man wird gebraucht und benutzt. Wie gesagt, angesichts der Rollenbeziehung mag das nicht so auffallen, jedenfalls im Coaching nicht. Darum suchen narzisstisch leidende Menschen auch eher Coaching als Psychotherapie, weil sie beim Psychologen nicht »Auftraggeber«, sondern »Patient« sind. Als Patient hat man weniger zu melden, muss sich »behandeln« lassen und verliert damit einen Teil der so wichtigen Kontrolle.

Lässt man sich auf ein derartiges Rollenverhältnis ein, bei dem man ausführendes Organ für einen durch den Kunden definierten Zweck ist, kann man dem Klienten nicht mehr helfen. Im Gegenteil: Man stabilisiert seine Not, weil er neuerlich die Erfahrung macht, dass er allein ist und das Gegenüber nicht ernst nehmen kann, weil er es manipulieren kann.

»Sie sind der Beste!«

Etwas subtiler, aber nicht weniger wirksam in Bezug auf die Kontrolle der Beziehung ist es, wenn der Therapeut oder Coach durch (falsche) Wertschätzung unschädlich gemacht wird. Der Klient sagt (zu Beginn) dann etwa Folgendes: »Wissen Sie, ich arbeite nur mit den Besten, also so jemandem wie Sie!« Wenn man sich als Coach oder Therapeut davon bauchpinseln lässt, hat man schon verloren und ist Teil der narzisstischen Symbiose. Selbstverständlich ist damit nicht gemeint, dass Kunden sich nicht gute Berater aussuchen dürften. Aber ein Kunde, der sich mit dem Berater brüstet und schmückt, braucht Unterstützung, dieses Motiv zu erkunden. Nimmt der Coach diese Zuschreibung als »Realität« und sieht es nicht als Warnsignal für eine spezifische Form der Beziehungsgestaltung an, wie er unschädlich gemacht werden soll, dann ist die Chance vertan. Wer selbst der Beste sein will, der kann nicht mit narzisstischem Leid arbeiten, sondern wird es mit großer Wahrscheinlichkeit bedienen.

Wer selbst »Elite« sein will, ist in die Falle getappt (oder hat selbst narzisstische Not).

»Ich bin der beste Klient!«

Eine ebenfalls häufig genutzte Strategie von Klienten mit narzisstischer Not ist es, als Klient der oder die Beste zu werden. Sie versuchen, die Therapeutin oder den Coach zu beeindrucken und durch Lob unschädlich zu machen. »Ich profitiere so unglaublich von Ihrer Arbeit!« und viele weitere Spielformen dieser Aussage sind mit absoluter Vorsicht zu genießen. Je mehr und häufiger einem vermittelt wird, wie großartig man arbeitet, desto wahrscheinlicher ist es, dass der Coachee dies für die eigene dysfunktionale narzisstische Selbststabilisierung braucht, damit der Coach oder Therapeut mit ihm zufrieden ist. Ist der Coach »stolz« auf seinen Coachee, ist die Symbiose vollendet. Das Muster hat sich entfaltet und stabilisiert, aber nicht verändert. Der Klient macht auch in Psychotherapie und im Coaching das Gegenüber glücklich – so, wie er schon zu Beginn des Lebens die Eltern beglückte.

»Du wirst der Beste!«

Ganz besonders schädlich und gleichzeitig üblich sind Versprechungen aufseiten von Coaches, dass man mithilfe dieser Unterstützung die oder der Beste wird. Der Coach wirbt in diesem Fall für sich selbst mit narzisstisch geprägten Slogans wie »Ich arbeite nur für die Besten!«. Damit zieht er besonders leicht Kunden an, die sich mit ihm aufwerten. Die Beratung verformt sich so zur Folie à deux, bei der der Coach zum Schmuckstück des Kunden wird und sich seinerseits mit dem Kunden schmückt. Die Inflation der »Top-Executive-Business-Erfolg-Wirksamkeits-Coaches« spricht da Bände. Berater und Klient verneigen sich dann wechselseitig vor der Großartigkeit des Gegenübers und schließen einen narzisstischen Stabilisierungs- und Nichtangriffspakt. »Mit mir werden Sie der Beste/Erfolgreichste/Bekannteste!« Geht der Coach mit Sprüchen dieser Art ins Rennen, wendet er sich manipulativ direkt an die narzisstische

Not. Das ist, wie wenn ein Arzt dem Alkoholiker versprechen würde: »Bei mir werden Sie durch Schnapstrinken gesund.« Mit Menschen, für die Erfolg ein Suchtmittel ist, darf ein Coach nicht am Erfolgreichwerden arbeiten, sondern muss die Abhängigkeit vom Erfolg thematisieren.

Die wichtigsten Kompetenzen

Die wichtigsten Fehler haben wir nun besprochen. Wer weiß, was er falsch machen kann, macht aber nicht automatisch schon etwas richtig. Was ist also günstig in der Rolle als Coach oder Therapeut im Umgang mit narzisstischer Not? Ich beschränke mich hier auf die grundlegenden Haltungen und Interventionsstrategien, da dies nicht ein Fachbuch für diese Professionen sein soll, sondern allen Lesern ein Gefühl geben möchte, was wichtig ist und worin die günstige Begleitung narzisstischer Nöte besteht. Das hilft Ihnen auch bei einer möglichen Auswahl der Unterstützung.

Kultivierte Unabhängigkeit

Machen wir uns nochmals klar: Nimmt man die Nöte ganz ernst, stehen narzisstisch leidende Menschen innerlich von früh bis spät mit dem Rücken zur Wand. Sie sind von Demaskierung bedroht, müssen das Unkontrollierbare – andere Menschen – kontrollieren und müssen ihre Ängste vor sich selbst verstecken. Diese Art von Kontrolle jeden Tag zu erhalten stresst und macht das Leben unterschwellig mühsam.

All diese Bestrebungen sind im Beratungskontext in Gefahr, da man als Klient ja die Maske fallen lassen soll. Zudem wird sich der Therapeut/Coach besonders schlecht kontrollieren lassen, und das ganze Setting dient dem Gewahrwerden von Ängsten. Coaching und Therapie sind unter solchen seelischen Bedingungen eigentlich ein *Albtraum*. Kein Wunder, dass es enorme Hemmschwellen zu überwinden gilt. Da dem Kontext »Coaching« tendenziell eher zugeschrieben wird, dass es um *Verbesserung* und nicht um *Behandlung* geht, landen Menschen in narzisstischen Nöten öfter beim

Coach als in Psychotherapie. Darum sollten auch Coaches davon viel verstehen.

Wie jedoch kann man jemanden kontaktieren, der im seelischen Bunker sitzt und vor dem man allen Grund hat, sich selbst zu fürchten? Der wesentliche Faktor für ein Gelingen ist der Umgang mit eigener Angst.

> Ein neuer Klient sitzt vor mir. Er schaut mich musternd an – schweigend, für längere Zeit. »Ich denke, Sie wurden ja von meiner Assistentin gut zu dem 360-Grad-Feedback gebrieft. Wie gehen Sie das jetzt an? Könnten Sie sich mal äußern?« Mir krampft sich leicht der Magen zusammen, und ich merke die Versuchung, ihm etwas beweisen zu wollen. »Ah, Sie kommen doch zum Coaching, oder?«, frage ich ihn. »Ja, wieso?« – »Nun, ich bekomme eher den Eindruck, ich sitze in einem Assessment!« – »Ich muss doch rausfinden dürfen, ob Sie was taugen!« – »Natürlich, das sollen Sie sogar. Erstaunlich ist nur, dass Sie zu denken scheinen, dass Ihnen das besser gelingt, wenn Sie Angst und Schrecken verbreiten. Das steht doch auch in Ihrem Feedback und mit mir versuchen Sie das auch. Das Problem dabei ist: Ich verliere vollkommen die Lust, mit Ihnen zu arbeiten, wenn das bedeutet, dass Sie mich prüfen und auf schnelle Ergebnisse aus sind. Da müssen Sie sich dann jemand anderen suchen.«

Narzisstisch leidende Klienten merken sofort, wenn der Coach/Therapeut es gut machen möchte, unsicher ist, sich anstrengt und performen will, um keine Kritik auf sich zu ziehen. Das ist an sich kein Problem. Nur: Wenn sie merken, dass der Coach/Therapeut sich selbst von Ängsten *dominieren* lässt, wird es heikel. So muss man Modell dafür sein, dass man Angst hat und *mit* dieser Angst handlungsfähig ist. Dann wird man das Vorbild, das nötig ist, damit der Klient Vertrauen fassen kann. Vertrauen ins Gegenüber und besonders auch in sich: Denn niemand will sich als Klient auf Ängste einlassen, wenn er nicht weiß, ob der Fachmann die seinen regulieren kann.

Fundament einer heilenden Beziehung ist also der gekonnte Umgang des Coaches/Therapeuten mit eigenen *unangenehmen* Gefühlen. Nur das gewährleistet eine innere und äußere Unabhängigkeit, die unabdingbar dafür ist, dass der narzisstisch leidende Mensch nicht neuerlich zu jemandem kommt, der ihn aus eigenen Nöten manipuliert oder sich von ihm deswegen manipulieren lässt. Ohne freies und autonomes Gegenüber würde sich das Drama wiederholen.

Kultiviertes Anderssein

Aus dieser inneren und äußeren Unabhängigkeit erwächst jedoch gleichzeitig ein nicht zu unterschätzendes Problem. Der Mensch in narzisstischer Not merkt, dass der andere anders ist und ihn deshalb anders sieht als er sich selbst. Das jedoch erinnert an die entsprechende eigene entsetzliche Grunderfahrung: Wenn ich anders bin als andere oder deren Erwartungen, bin ich (mutterseelen)allein.

Die Tragik der narzisstischen Welterfahrung ist ja, dass es unmöglich scheint, sich in Unterschiedlichkeit zu begegnen und lieben zu können. Darum – es sei kurz daran erinnert – suchen solche Menschen Jünger und Anhänger oder umgeben sich mit Menschen in gleicher Not, sodass man wechselseitig von der Grandiosität des anderen profitieren kann. Alle anderen werden abgewertet. Die Funktion solcher Abwertungen ist, die Angst vor der Andersartigkeit in Schach zu halten. Menschen in narzisstischer Not kennen kein Du, sondern nur Klone des künstlichen Selbstkonzepts.

So geht es im Coaching oder in der Therapie darum, dass mit der Unterschiedlichkeit eine neue, andere Erfahrung einhergeht: Man ist eigenständig und doch nicht allein. Man spürt sich und ist dennoch mit dem anderen verbunden. Man merkt das Interesse des anderen und erlebt sich dennoch nicht vereinnahmt. Man darf bleiben, wie man ist, und muss sich nicht für den anderen verändern.

> »Ich komme nur auf Wunsch meiner Frau und der Kinder hierher«, sagt ein Mittvierziger, im Designeroutfit und lässiger Undercut-Frisur. Er wirkt eher wie 30 und will auch so wirken. »Warum wollen denn diese, dass Sie kommen?« – »Ich herrsche die drei halt immer wieder recht an, wenn es nicht so läuft, wie abgemacht. Man muss die einfach bisweilen auf Spur bringen, sonst wird das nichts.« – »Tja, das ist nicht so leicht, andere zu verändern, das leuchtet mir ein. Wenn Sie selbst eigentlich nicht kommen wollen, was sind denn Ihre Bedenken und Sorgen, was hier Unangenehmes

passieren könnte?« – »Das ist doch klar, ich soll mich gefälliger benehmen und sie in Ruhe lassen!« – »Also, Sie meinen, Sie sollten hier umgepolt werden. Aber dazu habe ich gar keine Lust. Da würde ich ja mit Ihnen etwas versuchen, was Ihnen selbst mit Frau und Kindern schon nicht gelingt. Vielleicht wehren die sich ja gegen Ihre Erziehungsversuche, wie Sie sich gegen die meinen wehren würden.«

Er wird nachdenklich und schweigt. »Da haben Sie nun auch wieder recht. Ich bin die Erziehungsversuche leid. Ich bin deshalb zu Hause ausgezogen und werde das nie wieder im Leben zulassen. Da können Sie sich sicher sein!«

Zumeist ist es Teil der narzisstischen Traumatisierung, dass die Betroffenen als Kind *für* die Eltern leben mussten und nicht in ihrer Eigenart wahrgenommen wurden. Coaching wie Therapie sind für Menschen in narzisstischen Nöten dafür prädestiniert, eine Wiederholung des Traumas zu werden, weil vordergründig der (vermeintliche) Zweck des Settings eine Veränderung des Klienten ist – jedenfalls ist das die landläufige Ansicht. Folglich ist es wichtig, diese Befürchtung aufzugreifen und als haltlos zu entkräften. Ich sichere solchen Klienten immer zu, dass es im Coaching *nicht* darum geht, dass der Coachee irgendetwas anderes werden soll. Oft ist der Coach/Therapeut der erste Mensch, bei dem der Klient nichts »darstellen«, nichts »verbessern«, nichts »zugeben«, nichts »fühlen«, nicht »betroffen sein« muss. Solche Coachees kennen keinen absichtslosen, sicheren Kontakt, der ohne jeden Aufforderungscharakter ist. Ohne diese Art der Beziehung ist alles andere nutzlos.

Darum muss man diese Form des Miteinanders aufbauen und kultivieren. Ist dies gelungen, kann ein weiterer Aspekt gesunder Selbstregulation ins Leben treten.

Kultivierte liebevolle Aggression

Narzisstisches Leiden gilt immer noch als schwer therapierbar und beratungsresistent. Das liegt nicht nur an den eben beschriebenen Ängsten. Es ist insbesondere darin begründet, dass man den Betroffenen oft unterstellt, dass sie sich gar nicht wirklich verändern wollen, sondern nur in »Feigenblattfunktion« erscheinen. Kurzum: Man glaubt, die heißen Themen nicht ansprechen zu dürfen, weil die Klienten dann gekränkt oder wütend die Behandlung oder das Coaching abbrechen würden.

Wer so denkt, muss sich in Erinnerung rufen, dass sich hinter einem »Nichtwollen« bei den narzisstisch leidenden Menschen immer starke *unbekannte* Gefühle – meist Angst oder Scham – verbergen. Wenn jemand nicht will, dann darf man deshalb *nie* das Nichtwollen bekämpfen. Narzisstisches Leid droht, sich selbst zu nähren, weil es die Einfühlungsbereitschaft anderer Menschen reduziert und auf Dauer zum Verschwinden bringt. Das gilt auch für Coaches und Therapeuten.

Deshalb sind die Sorgen bezüglich einer unzureichenden »Motivation« nicht aus der Luft gegriffen. Schon aus dem Grund sind die beiden eben besprochenen Punkte so wichtig. Erst gilt es, eine psychologisch sichere Beziehung zu etablieren. Beschränkt man sich jedoch nur darauf, reicht das nicht. Man kann narzisstische Not nicht nur mit Liebe heilen – *narzisstische Not braucht auch klare Grenzsetzungen und kontaktvolle Aggression gegenüber manipulativen und invasiven Beziehungsangeboten des Betroffenen.* Ist man ausschließlich bestätigend unterwegs, ist das auf Dauer unwirksam, denn dann büßt man den Respekt ein. Es ist nötig, in die Beziehung »liebevolle *Aggression*« einfließen zu lassen. Aggression bedeutet hier, deutlich zu machen, dass man etwas anders sieht, dass man den Klienten keineswegs nur gut findet, dass man die Aggression des Klienten sehr wohl wahrnimmt usw.

Solche milden Formen von »Unterschiedlichkeit« sind unerlässlich, um die oben geschilderte Ich-du-Beziehung facettenreicher werden zu lassen. Die Erfahrung, dass man anders denken *und gleichzeitig verbunden bleiben kann*, bildet die Basis dafür, dass heiklere Themen wie Unsicherheiten, Selbstzweifel, Scham oder Ängste vorm Scheitern Einzug halten können.

Wie geht das konkret? Man kann z. B. testen, ob man (in Kleinigkeiten oder bei Randthemen) den Klienten konfrontieren kann, indem man z. B. Selbstwidersprüche anspricht.

»Wissen Sie, was mir auffällt? Gerade eben haben Sie mir erzählt, wie wichtig es Ihnen wäre, mehr Widerspruch in Meetings zu bekommen und in lebhaftere Diskussionen mit den Kollegen zu kommen. Jetzt erklären Sie mir, wie genervt und verurteilend Sie werden, wenn andere nicht gleich umsetzen wollen, was Sie als Vorschläge einbringen. Das scheint mir nicht so wirklich zusammenzupassen. Was meinen Sie?«

Reflexartig spannt sich der Klient an. Dann lächelt er leise und sagt: »Jetzt wollte ich doch glatt Ihnen erklären, dass Sie da falsch liegen. Aber das wäre ja dann schon wieder ein Beleg dafür, dass ich eigentlich nicht so scharf darauf bin, wenn mir widersprochen wird. Da haben Sie mich aber erwischt!« – »Und – wie ist es so, von mir erwischt zu werden?« – »Wenn ich ehrlich bin: So halb gut.« – »Halb gut ist ja schon mal was. Dann kann ich ja gleich weitermachen, oder!?«, frage ich augenzwinkernd.

Sind solche »Konfrontationen« möglich, kann man sich dem Grundthema aller narzisstischen Not – den Gefühlen von Einsamkeit und Leere – annähern. Zur Erinnerung: Weil alle Resonanz des Umfeldes der narzisstischen *Fassade* gilt, sind solche Menschen durch und durch einsam. *Sie selbst sind nicht im Spiel*, nur die Bühnenfigur ihres Lebens. Ohne echten Kontakt wird jedes Innenleben aber leer. Sich mit dieser Leere dem Coach zuzumuten, ist der Kernprozess eines Coachings mit narzisstischem Leiden.

Die Leiterin einer Schauspielschule – eine nach gesellschaftlichen Kriterien über alle Maßen schöne Frau – sagte mal in einer psychotherapeutischen Sitzung: »Es gibt niemanden, dem ich mich je nah fühle. Alle – Männer wie Frauen – sehen immer nur meine Schönheit. Sie schmücken sich mit mir oder sind neidisch oder eifersüchtig. Und alle denken, ich sei glücklich und froh darüber.« – »Was sehen Sie selbst denn in sich, wenn Sie in den Spiegel schauen?« Sie schaute mich verdutzt an. »Eigentlich auch meine Schönheit!« – »Verstehe. Wie viel von dem Nichtschönen zeigen Sie denn anderen und bringen es in die Begegnungen ein?« … »Nichts, … das ist ja schrecklich. Kein Wunder, dass ich mich so allein fühle.«

Wer als Coach darauf wartet, dass Klienten von sich aus ihre Einsamkeit wahrnehmen, tut dies meist vergeblich. Es ist unerlässlich, die Einsamkeit aktiv anzusprechen und ein Beziehungsangebot zu machen, das die erforderliche Feinfühligkeit besitzt. Nur so können die fragilen und zarten Selbstprozesse, die in den Tiefen solcher Menschen aufkeimen, eine Einbettung erfahren, durch die ein Gefühl für die eigene Verletzlichkeit wachsen kann. Es geht dabei auch um Vertrauen im Misstrauen, Glaube an eine Sehnsucht, die man nicht (mehr) spürt, Einlasswilligkeit, die Hoffnung, dass das alles einen Nutzen hat, der gefühlt zunächst nicht im Verhältnis zur Angst vor der Angst steht, und nicht zuletzt ein Gegenüber, das bei aller misstrauischen, aggressiven Prüfung kontaktvoll stehen bleibt.

Kultivierte aggressive Liebe

Die Vereinnahmung durch falsche Liebe ist – wie schon mehrfach benannt – eine der Hauptängste, mit denen es die Klienten zu tun haben. Viele Partner von narzisstisch leidenden Menschen machen die Erfahrung: Je mehr Liebe sie aufbringen, desto mehr Rückzug ernten sie. So gilt es, Formen der Zugewandtheit zu finden, die klar, unerschütterlich und eindeutig – also aggressiv – sind und dennoch als liebevolle Resonanz wahrgenommen werden können.

> Ein Klient vor einigen Jahren war ein beeindruckender, stattlicher Mann. Gefürchtet. Höchste Ansprüche an sich und andere. Er war das, was er immer sein wollte. Nur fühlte er sich nie wirklich wohl, geschweige denn entspannt. Er war immerzu beschäftigt – mit sich und seinen Zielen. Nach einigen Terminen, in denen er auch mich beschäftigt hielt, schlug ich ihm vor, auf Reden komplett zu verzichten. Stattdessen schauten wir uns schweigend an. So wie Marina Abramovic in »The Artist is present«.
>
> Lange geschah – nichts! Seine Augen wurden leer, fast abwesend. Ich wurde traurig. Das sah er in meinem Blick. Mir kamen die Tränen. Er wurde verlegen, wollte sprechen, ich hielt ihn mit Gesten davon ab. Dann, nach 30 Minuten kam ihm das Wort »Warum?« über die Lippen. Ich sagte: »Wegen Ihnen!« Da fing er an zu weinen. Die Erfahrung, dass ich präsent und interessiert war, ohne dass er dafür Stimuli bot, die den Erhalt der Aufmerksamkeit rechtfertigten, war ebenso fremd wie beängstigend und schambesetzt. Dies »auszuhalten« war für ihn seiner Meinung nach die schwerste Übung seines Lebens.

Was geschieht in solchen Momenten? Alle narzisstischen Aktivitäten, um Reaktionen bei anderen hervorzurufen, brechen zusammen. Es bleibt ein ungewohntes Empfinden von schamvoller Desorientierung und fehlender Selbstwirksamkeit. Diese desolate Verfassung ist nötig, um offen für die Erfahrung von bedingungsloser Zuwendung zu werden. Ohne solche Identitätskrisen geht es nicht. Erst diese Erfahrung macht Menschen frei, zunehmend das zu sein, was sie in sich spüren. Erst dann entsteht ein innerer Raum, der es ermöglicht, Begegnung mit anderen zuzulassen, diese zu genießen und die Angst vor Enttarnung ad acta zu legen. Der Wunsch nach Kontakt, die Fähigkeit zu tiefer Hingabe und innerem Frieden treten an die Stelle von namenloser Leere.

Das führt im Coaching (wie in privaten oder beruflichen Beziehungen) zu dem einfachen Schluss: Wer an der Seelenwohnung narzisstischer Ersatzbauten anklopfen möchte, der muss einen Weg finden, dass er als Freund wahrgenommen wird *und* gleichzeitig seine Unabhängigkeit aufrechterhalten kann. Wer »Narzissten« großartig findet oder sie ablehnt, der hat jede Einflussmöglichkeit auf sie verloren. Man muss stattdessen etwas in ihnen sehen können, was sie selbst nicht sehen. Es gilt, ihre Seinsmöglichkeiten zu erkennen und ihnen so zu begegnen, als ob sie bereits ihrer narzisstischen Not entkommen wären. Das beinhaltet allerdings auch, dass man sich nicht unterwerfen oder sich ihnen andienen darf. Wer sich unwidersprochen demütigen oder beschämen lässt, wirft sich selbst den Selbststabilisierungstaktiken der narzisstischen Not zum Fraß vor. Darum braucht es aggressive Liebe. Diese braucht es allerdings auch, weil ohne sie narzisstische Beziehungen liebevolle Zuwendung missbrauchen. Denn Menschen in narzisstischer Not werden testen, ausreizen, (passiv) drohen, Parallelwahrheiten aufbauen usw. Ohne eine hohe Konfliktkompetenz kommt man als Coach und Psychotherapeut hier unter die Räder.[73]

73 Siehe dazu ausführlich mein Buch *Die Kunst des Konflikts. Konflikte schüren und beruhigen lernen* (2023a).

12 WAS KANN MAN GEGEN PSYCHOLOGISCHE ETIKETTEN TUN?

Würden Sie sich wohlfühlen (können), wenn man zu Ihnen sagt »Sie Narzisst!«? Sollte Ihnen das Etikett nicht gefallen, wie wäre es alternativ mit: »Sie Sadist! Sie Masochist! Sie Hysteriker! Sie Schizoider!« Ich erspare Ihnen mehr dieser Begriffe. Will man Einfluss auf sich selbst oder andere bekommen, dann hilft es nicht, sie seelisch zu pathologisieren und in ihrer Selbstbeschreibung zu fixieren. Auch und gerade dann, wenn sehr schlimme, auch selbst- und fremdschädigende Verhaltensweisen im Spiel sind, muss man versuchen, auf die Not dahinter zu reagieren. Das bedeutet natürlich nicht, dass man der Destruktivität freien Lauf lassen soll. Eine Not zu verstehen bedeutet überhaupt nicht, dass man mit den aus ihr resultierenden Verhaltensweisen einverstanden ist. Das Verhalten – aber nicht die Person – gilt es zu verhindern oder zu unterbinden.

Wenn ich in diesem Buch konsequent von Menschen in narzisstischer Not und nicht von »Narzissten« spreche, dürfen Sie das nicht als Versuch einer Verharmlosung verstehen. Es gibt Menschen, die aus narzisstischer Not despotisch, kriminell, böse, menschenverachtend und vergewaltigend werden. Damit ist nicht zu spaßen. Im

Kapitel über die Gefährlichkeit von narzisstischer Not war das schon Thema.

Was mir hier wichtig ist: Auch diese »pathologischen« Fälle entwickeln sich aus traumatisierender Not und nicht aus vermeintlich bösem Willen. Verlangt man von solchen Menschen, sie sollen sich aus Einsicht anders verhalten, nutzt das nichts. Vernunft und Einsicht wie auch der aus ihnen resultierende Wille sind viel zu schwache Mittel, als dass sie bei traumatischen Erfahrungen dazu verhelfen könnten, Überlebensstrategien und deren Folgen zu verhindern.

Ich habe mit (narzisstisch leidenden) Straftätern gearbeitet – nicht viel und nicht lang und auch nicht so wahnsinnig erfolgreich. Ich war noch sehr unerfahren und jung. Dennoch habe ich etwas Wichtiges gelernt: Menschen, die sich für zutiefst wertlos erachten und nie selbst gelernt haben, andere (absichtslos) lieben zu dürfen, zerstören ungewollt jeden Versuch, sie wertzuschätzen. Im Gegenteil – sie rufen eher Wut und Aggression im Gegenüber hervor. Sie stimulieren Empörung. Wer jedoch in die Hand beißt, die ihn aus dem Sumpf ziehen möchte, wird kaum Rettung erfahren. So stabilisiert sich das Trauma ein Leben lang und wird an andere weitergegeben.

All das rechtfertigt es in meinen Augen allerdings nicht, solche Menschen als nicht behandelbar anzusehen – eine Ansicht, der man immer wieder begegnet. Man kann aus meiner Sicht sagen, dass man selbst (noch) keine Mittel und Wege gefunden hat, die der Mensch in narzisstischer Not annehmen kann. Dann formuliert man allerdings: »*Ich* kann dir nicht helfen!« Das hört sich anders an als: »*Dir* ist nicht zu helfen!«

Auch für den gesellschaftlichen Diskurs und Umgang miteinander erscheint mir das wichtig. Sonst erzeugen wir das überall zu beobachtende Phänomen, dass vermeintliche »Narzissten« geradezu stolz auf ihre Diagnose sind und damit hofieren. Sie werden durch solche Zuschreibungen angespornt. Nichts ist Menschen in narzisstischer Not lieber, als ein klares Feindbild zu haben. Das Label »Narzisst« wird dann zur Trophäe, zur neuen Identität, oder man übernimmt sogar das Implikat und sagt, sogar die Psychologen meinten, man könne da eh nichts dran ändern. So geht der Schuss vollkommen nach hinten los.

Alternativ können alle versuchen, ein Klima zu schaffen, in dem man über Nöte gleich welcher Art reden kann. Dazu muss man seelische Not *normalisieren*. Die Vorstellungen von seelischer Gesundheit, die in Formulierungen von »eins sein mit sich selbst« oder »selbstbewusst, frei und glücklich« münden, fördern das Versteckspielen mit seelischen Nöten. Streng genommen sind solche Ideen selbst narzisstisch bzw. etablieren ein solches Ideal. Schmerzen werden unerwünscht und müssen so schnell wie möglich in »Positives« verwandelt werden.

> *Das tiefe Glück enthält ein Moment des Leidens. Schmerz und Glück sind, so Nietzsche, ›zwei Geschwister und Zwillinge, die mit einander gross wachsen oder […] mit einander* – klein bleiben‹. [74]

Aus diesem Grund sind Konzepte, die menschliches Ringen und psychische Verletzbarkeit als Wert begreifen, die jede vermeintliche Psychopathologie als Antwort auf eine ungünstige Umwelterfahrung und Selbstheilungsversuche begreifen, so wichtig. Stellvertretend für alle anderen Bemühungen in diese Richtung sei hier das Buch von Brené Brown genannt, *Die Gaben der Unvollkommenheit. Lass los, was du glaubst sein zu müssen, und umarme, was du bist.*[75] Ich könnte hier heitere Anekdoten erzählen, was passiert, wenn man als psychotherapeutischer Fachmann von seinem eigenen Ringen erzählt. Dann gerät in den Augen anderer gleich die Autorität ins Wanken. Die Seele ist ein Leben lang in Bewegung und damit am Ringen – jedenfalls dann, wenn man das zulässt. »There is no end to integration!« war eine Sentenz des Begründers der Gestalttherapie, Fritz Perls.

Aber damit ist eben auch gesagt: Für Nöte gibt es Hilfe. Niemand zwingt einen dazu (außer man selbst), bei dem erlernten Selbstorganisationsmuster zu bleiben – auch oder gerade dann, wenn diese Muster auf einer recht grundlegenden Ebene der Persönlichkeit angesiedelt sind.[76] Genauso ist von der anderen Seite her gesehen keiner verpflichtet, Menschen attraktiv zu finden, die sich für Bewunderung anbieten und einem gerade deshalb nicht guttun. Jeder von uns kann sich entscheiden, wem er Anerkennung und Achtung zollt und wofür.

---

74 Vgl. Han 2020, S. 22 (Hervorhebungen im Original).
75 Vgl. Brown 2012.
76 Siehe dazu das einfühlsame Vorwort von Luise Reddemann in dem Grundlagenwerk: Wöller, Eberhard-Kaechele u. Reddemann 2013, S. V–VI.

Zum Ausklang: Liebe, Stolz und Not

»Alles wirkliche Leben ist Begegnung!« Dieser Satz von Martin Buber, dem großen Philosophen, erinnert daran, dass das Leid narzisstischer Muster im Verlust echter Begegnungsfähigkeit besteht. Eine ähnliche Ansicht vertrat auch schon Freud, der den Inbegriff menschlicher Reife darin sah, ein erotisches Verhältnis zu sich und zur Welt auszubilden.

Das hat zwei grundlegende Folgen. Man muss narzisstische Notlösungen von günstiger Selbstregulation klar trennen:

1. Liebe wird im narzisstischen Muster durch Bewunderung ersetzt.
2. Stolz durch Eitelkeit und Arroganz.

Liebe und Stolz sind die beiden Gefühle, mit deren Hilfe man diese freudsche Erotik lebt. Man liebt andere und lässt sich lieben. Man ist stolz auf sich und zeigt das. Mit offenem Herzen und kraftvoller Vitalität lässt sich stolz leben. Beides muss erlernt werden und beides geht in narzisstischen Bedingungen leidvoll verloren. Betroffene sind gezwungen, sich um seelische Ersatzbeschaffung zu kümmern. Aber kein Ruhm, keine Drogen, kein Besitz, keine Ämter, kein Konsum, kein Weltgebrauch, keine wechselnden Affären und keine Siege werden Befriedigung verschaffen, wenn die eigene Seele nicht befriedigungsfähig ist.

Dies ist bei narzisstischen Nöten immer mehr oder weniger der Fall. Wer nicht spürt, wer er ist, spürt auch nicht, was ihm guttut und wie es ist, gelöst ganz präsent zu sein und zu genießen. Er hält Oberflächliches oder Stimuliertes für Lebendigkeit. So wissen Betroffene leider oft nicht, dass sie die eigentliche Intensität des Lebens gar nicht kennenlernen. Rausch und Triumph unterscheiden sich von Ekstase und Tiefgang sehr elementar. Man darf sich im Leben eigentlich erst dann zufriedengeben, wenn man Schmerz, Angst, Trauer, Freude, Lust, Wut, Scham, Liebe und Stolz tief und intensiv erleben kann.

Stolz und narzisstische Aufgeblasenheit werden oft miteinander verwechselt. Das ist deshalb verwunderlich, weil Eitelkeit, Egozentrik, Triumphales, Arroganz und exhibitionistische Selbstdarstellung alles Hinweise auf *fehlenden* Stolz sind!

Nur wer einen Bezug zu sich selbst hat, kann Stolz empfinden. Stolz kommt in Menschen auf, die ihre eigenen Möglichkeiten aufrufen und entfalten. Stolz ist gelebte Selbstachtungs- und Selbstwahrnehmungspraxis. Im Stolz schwingt man in einem Zustand von Leichtigkeit: feinsinnig, achtsam, freundlich, mitreißend, pfiffig, einfallsreich, klug, zugänglich, fröhlich, ungezwungen, neugierig, vergnüglich, gedankenschnell, weltoffen, kraftvoll, entschlossen, zugewandt, empfindsam, langsam, lustvoll, erregt, gelöst, wonnig, zart, zärtlich, hingebungsvoll, sprudelnd, verbunden, weich ...

Man spürt im Stolz, dass es sich gut anfühlt zu leben. »Ich darf, kann, will und werde mich in meinen liebenswerten Eigenarten spüren!« Dieser Satz ist das Wesen gesunden Stolzes. Er bildet eine Form des *Selbstgenusses, der nicht auf Kosten anderer geht*, sondern im Gegenteil mit anderen verbindet. Zugespitzt kann man sagen: »Wer mich nicht erlebt, hat sein Leben nicht gelebt!« Das ist nicht narzisstisch, das ist Ausdruck von Stolz und Selbstvertrauen!

So besteht die Tragik von narzisstischem Leid nicht zuletzt darin, dass zwei der wichtigsten Gefühle im Leben versperrt und unzugänglich bleiben. Stolz und Liebe leben zu können wäre daher auch der Lohn, den die Auseinandersetzung mit narzisstischem Leid am Ende haben kann. Eine solche Fähigkeit, echten Stolz und echte Liebe zu empfinden, erlöst keinen Menschen von dem Schmerz, der damit einhergeht, dass niemand immer das bekommt, was er möchte, und niemand immer alles loslassen kann, was er sich wünscht. Absolute Befriedigung und absolute Unabhängigkeit sind in der Welt nicht möglich. Der Schmerz, ein Mensch zu sein, der mit Not zurechtkommen muss, ist uns allen gemeinsam.

Niemand, der lebt, ist ohne Not. Wenn wir seelische Nöte leugnen, entziehen wir uns den Boden, auf dem wir zueinanderfinden können. Die tiefste aller möglichen Gemeinsamkeiten von uns Menschen ist die Anerkenntnis, dass jeder – wirklich jeder – seinen Weg finden muss, auch mit Nöten zu leben. Wenn dem so ist, dann können wir uns einander zuwenden und das Verständnis von seelischen Nöten verfeinern und verbessern. Wenn die Lektüre des Buches dazu ermutigen konnte, hat sich das Schreiben gelohnt.

Danksagung

Das Thema narzisstisches Leid beschäftigt mich schon sehr lange. Schon als Jugendlicher kam mir manches von dem, was ich oder andere taten, irgendwie merkwürdig vor. Als Partner, als Freund, als Therapeut und Supervisor, als Vorstand eines Kindergartenvereins, als Coachausbilder, als Bürger, als Autor und Forscher – überall begegnete mir uneingestandene Not, auf die es oft nicht leicht war, Antworten zu finden. In jeder dieser Rollen habe ich Menschen zu danken, die mir beigestanden und geholfen haben. Ich hoffe, dass alle, die dafür infrage kommen und das hier lesen, sich angesprochen fühlen.

Ein paar Menschen will ich allerdings explizit nennen.

Allen voran meine Frau Ulrike, die meine Seele heilte. Niemand weiß, wie sehr; vermutlich nicht mal ich selbst. Ebenso wichtig ist mir der Dank an meine beiden erwachsenen Töchter, die mir immer das Gefühl gegeben haben, ein hinreichend guter Papa zu sein – auch und gerade dann, wenn sie unter meinen Begrenzungen auch gelitten haben.

Meinen ersten therapeutischen Lehrern – Michael Paula, Frank-M. Staemmler, Werner Bock und Werner Arnet – sei Dank für die Vielfalt dessen, was sie mir über narzisstische Not beigebracht haben: direkt und indirekt, bewusst und unbewusst, absichtlich und unabsichtlich. Das zeichnet wirksame Lehrer aus, auch wenn ich das damals nicht immer vollständig begreifen konnte. Otto Kernberg hat mein fachliches Verständnis immer wieder befördert, herausgefordert und verfeinert. Gerade auch deshalb sei ihm Dank, weil ich durch ihn an wichtigen Punkten deutlich andere Auffassungen entwickeln konnte.

Willigis Jäger, mein spiritueller Lehrer, hat mir gezeigt, wie sich das vermeintliche Ich mit dem vermeintlichen großen Ganzen unheilig verbinden kann. Auch wenn er es nicht mehr lesen kann, schreibe ich: Danke, dass du dich so früh in meinem Leben meiner angenommen hast.

Ein großes Danke auch an meine Freundinnen Karin Horn-Heine und Christine Loos sowie meinen Freund Klaus Hofmann. Alle drei haben mit mir in vielen Gesprächen über 30 Jahre hinweg die Tiefen und Untiefen des »Phänomens Narzissmus« im nahen und weiteren Umfeld unserer Leben reflektiert und durchgekaut. Ohne den Halt in Freundschaften wäre ich des Öfteren auf hoher See gekentert.

Zuletzt danke ich allen Klienten, Ausbildungsteilnehmern und mir unbekannten Personen, die als »Fallgeber« von ärztlichen und psychotherapeutischen Kollegen in Supervisionen auftauchten. Nur so konnte ich nach und nach mein Verständnis entwickeln, wie narzisstische Nöte entstehen können und wie sie zu lindern sind.

Literatur

Altmeyer, M. (2000): Narzissmus, Intersubjektivität und Anerkennung. *Psyche* 2: 143–171.

Altmeyer, M. (2004): Narzissmus und Objekt. Ein intersubjektives Verständnis der Selbstbezogenheit. Göttingen (Vandenhoeck & Ruprecht).

Altmeyer, M. (2006): Die vernetzte Seele. Die intersubjektive Wende in der Psychoanalyse. Stuttgart (Klett-Cotta).

Altmeyer, M. (2019): Ich werde gesehen, also bin ich: Psychoanalyse und die neuen Medien. Göttingen (Vandenhoeck & Ruprecht).

Arnet, F. M. u. R. Borbonus (2018): Brutal gescheitert! Wie der Start in ein neues Leben gelingt. Offenbach (Gabal).

Arnold, R. (2023): Wie man frisch beobachtet, um neu wahrzugeben: 29 Regeln der Achtsamkeit. Heidelberg (Carl-Auer).

Back, M. (2023): Ich! Die Kraft des Narzissmus. Eine starke Eigenschaft neu denken und ihre Wirkung besser verstehen. München (Kösel).

Beaumont, H. (1988): Einige Implikationen des Dialogischen Prinzips Martin Bubers für die Theorie und Praxis der Gestalttherapie der narzisstischen Charakterstörung. In: N. Maack et al. (Hrsg.): Ich und Du. Kontakt, Begegnung, Beziehung – Dokumentation der Münchner Gestalt-Tage. (Selbstverlag).

Beebe, B. et al. (2004): Säuglingsforschung und die Psychotherapie Erwachsener. Wie interaktive Prozesse entstehen und zu Veränderungen führen. Stuttgart (Klett-Cotta).

Beebe, B. et al. (2019): Bindung im Werden: Mikroanalyse der Mutter-Kind-Interaktion: ein Bilderbuch. Gießen (Psychosozial).

Beisser, A. (1970): The paradoxical theory of change. In: J. Fagan a. I. L. Shepherd (eds.): Gestalt therapy now. New York (Harper & Row), pp. 77–80.

Beisser, A. (1997): Wozu brauche ich Flügel? – Ein Gestalttherapeut betrachtet sein Leben als Gelähmter. Wuppertal (Hammer).

Bly, R. (2022): Eisenhans: ein Buch über Männer. Reinbek bei Hamburg (Rowohlt), 13. Aufl.

Bohleber, W. (1998): Diskussion von Otto F. Kernbergs Fallvorstellung »Eine schwere sexuelle Hemmung im Laufe der psychoanalytischen Behandlung eines Patienten mit narzisstischer Persönlichkeitsstörungen«. *Psyche* 12: 1147–1162.

Britzelmeier, E. (2023): Philippa Perry im Interview: »Eltern haben unfassbare Macht«. Verfügbar unter: https://www.sueddeutsche.de/leben/philippa-perry-interview-buch-erziehung-1.5931266 [4.9.2023].

Brown, B. (2012): Die Gaben der Unvollkommenheit. Lass los, was du glaubst sein zu müssen und umarme, was du bist. Bielefeld (Kamphausen).

Cabanas, E., E. Illouz u. M. Adrian (2021): Das Glücksdiktat: und wie es unser Leben beherrscht. Berlin (Suhrkamp), 2. Aufl.

Cabré, L. J. M. (1999): Ferenczis Beitrag zum Konzept der Gegenübertragung. *Psyche* 5: 457–476.

Charim, I. (2022): Die Qualen des Narzissmus: über freiwillige Unterwerfung. Wien (Paul Zsolnay).

Coulin-Riegger, U. (2020): Mutters Puppenspiel. Tübingen (Klöpfer).

Dahl, G. (2001): Primärer Narzissmus und inneres Objekt. *Psyche* 6: 577–611.

Dammann, G. (2007): Narzissten, Egomanen, Psychopathen in der Führungsetage. Fallbeispiele und Lösungswege für ein wirksames Management. Bern (Haupt).

Doering, S. (2022): Resonanz – Begegnung – Verstehen: Implizite Kommunikation in der therapeutischen Beziehung. Stuttgart (Klett-Cotta).

Domröse, O. (2021): Der liebende Narzisst: Wege aus der unheilvollen Anziehung zwischen hochsensiblen Menschen und Narzissten. Stockach (Oliver Domröse), 2., überarb. Aufl.

Dornes, M. (1994): Der kompetente Säugling. Frankfurt/M. (Fischer).

Dornes, M. (1997): Die frühe Kindheit. Frankfurt/M. (Fischer).

Dreitzel, H.-P. (1988): Zur Theorie der Genese narzisstischer Persönlichkeitsfunktionsstörung. *Gestalttherapie* 2: 27–58.

Drexler, H. (2022): Der große Erziehungsirrtum. Wie wir unsere Kinder zu Narzissten machen. Wien (Delta X), 1. Aufl.

Ehrenreich, B. (2010): Smile or die. Wie die Ideologie des positiven Denkens die Welt verdummt. München (Antje Kunstmann).

Eidenschink, K. (2003): Das narzisstisch infizierte Unternehmen. *OrganisationsEntwicklung* 1: 4–15.

Eidenschink, K. (2023a): Die Kunst des Konflikts. Konflikte schüren und beruhigen lernen. Heidelberg (Carl-Auer), 2. Aufl.

Eidenschink, K. (2023b): Grundbedürfnisse der Psyche | Metatheorie der Veränderung. Verfügbar unter: https://metatheorie-der-veraenderung.info/wpmtags/grundbeduerfnisse/ [4.9.2023].

Eidenschink, K. u. U. Merkes (2021): Entscheidungen ohne Grund: Organisationen verstehen und beraten: Eine Metatheorie der Veränderung. Göttingen (Vandenhoeck & Ruprecht).

Fogel, A., H. Boese u. A. Fogel (2013): Selbstwahrnehmung und Embodiment in der Körperpsychotherapie: Vom Körpergefühl zur Kognition. Stuttgart (Schattauer).

Fonagy, P. (2003): Bindungstheorie und Psychoanalyse. Stuttgart (Klett-Cotta).

Frank, M. (2002): Selbstgefühl. Frankfurt/M. (Suhrkamp).

Freud, S. (1914): Zur Einführung des Narzißmus. Ges. Werke. Studienausgabe (1971), Bd. 3., Frankfurt/M. (Fischer).

Fuchs, P. (2010): Das System SELBST. Eine Studie zur Frage: Wer liebt wen, wenn jemand sagt: »Ich liebe Dich!« Weilerswist (Velbrück Wissenschaft).

Gast, L. (1992): Libido und Narzissmus: Vom Verlust des Sexuellen im psychoanalytischen Diskurs. Eine Spurensicherung. Tübingen (Edition Diskord).

Gast, L. (1997): Metamorphosen des Narzissmus. *Psyche* 1: 46–75.

Geissen, P. (2023): Die Geissens. Verfügbar unter: https://geissens.de/ [4.9.2023].

Geißler, P. (2004): Was ist Selbstregulation? Eine Standortbestimmung. Gießen (Psychosozial).

Georg, E. (2020): Das therapeutisierte Subjekt: Arbeiten am Selbst in Psychotherapie, Beratung und Coaching. Bielefeld (Transcript).

Glaser, H. (1976): Sigmund Freuds zwanzigstes Jahrhundert: Seelenbilder einer Epoche: Materialien und Analysen. München/Wien (C. Hanser).

Gommel, M. (2023a): Warum ich mich von Laura Malina Seiler verarscht fühle. Verfügbar unter: https://krautreporter.de/4863-warum-ich-mich-von-laura-malina-seiler-verarscht-fuhle [4.9.2023].

Gommel, M. (2023b): Wie gefährlich sind die neuen Coaches auf Instagram? Verfügbar unter: https://krautreporter.de/4914-wie-gefahrlich-sind-die-neuen-coaches-auf-instagram [4.9.2023].

Green, A. (2001): Todestrieb, negativer Narzissmus, Desobjektalisierungsfunktion. *Psyche* 9: 869–877.

Green, A. (2018): Die tote Mutter: Psychoanalytische Studien zu Lebensnarzissmus und Todesnarzissmus. Gießen (Psychosozial), 3. Aufl.

Haberl, T. (2014): Agnes Heller: Die Philosophin im Interview. Verfügbar unter: https://sz-magazin.sueddeutsche.de/literatur/der-sinn-des-lebens-ist-zu-leben-80204 [4.9.2023].

Hafen, M. (2014): Mythologie der Gesundheit: Zur Integration von Salutogenese und Pathogenese. Heidelberg (Carl-Auer), 3. Aufl.

Hagemeyer, P. (2020): »Gestatten, ich bin ein Arschloch.«: Ein netter Narzisst und Psychiater erklärt, wie Sie Narzissten entlarven und ihnen Paroli bieten. Hamburg (Eden Books).

Haller, R. (2017): Die Narzissmusfalle: Anleitung zur Menschen- und Selbstkenntnis. Salzburg/München (Ecowin), 10. Aufl.

Han, B.-C. (2020): Palliativgesellschaft: Schmerz heute. Berlin (Matthes und Seitz), 2. Aufl.

Heller, L. u. A. Doerne (2020): Befreiung von Scham und Schuld: Alte Überlebensstrategien auflösen und Lebenskraft gewinnen: Das Neuroaffektive Beziehungsmodell NARM™. München (Kösel).

Heller, L. u. B. J. Kammer (2023): Praxisbuch Entwicklungstrauma heilen: Wege zur Auflösung von Beziehungs-, Entwicklungs- und Bindungsstörungen: Das Neuroaffektive Beziehungsmodell NARM™. München (Kösel).

Heller, L. u. A. Lapierre (2014): Entwicklungstrauma heilen. Alte Überlebensstrategien lösen. Selbstregulierung und Beziehungsfähigkeit stärken. München (Kösel).

Höller, J. (2003): Und immer wieder aufstehen. Zürich (Pendo).

Jeammet, P. (1997): Narzisstische und objektbezogene Fehlregulierungen in der Bulimie. *Psyche* 1: 1–32.

Johnson, S. M. (1988): Der Narzisstische Persönlichkeitsstil. Köln (EHP).

Kernberg, O. F. (1993): Borderline-Störungen und pathologischer Narzissmus. Frankfurt/M. (Suhrkamp).

Kernberg, O. F. (1998): Eine schwere sexuelle Hemmung im Laufe der psychoanalytischen Behandlung eines Patienten mit narzisstischer Persönlichkeitsstörungen. *Psyche* 12: 1147–1162.

Kernberg, O. F. (Hrsg.) (1999): Sexualität und Persönlichkeitsstörung. Stuttgart (Schattauer).

Kernberg, O. F. (2004): Narzißmus, Aggression und Selbstzerstörung. Fortschritte in der Diagnose und Behandlung schwerer Persönlichkeitsstörungen. Stuttgart (Klett-Cotta).

Kernberg, O. F. (2006): Narzissmus. Grundlagen – Störungsbilder – Therapie. Stuttgart (Schattauer).

Klöpper, M. (2006): Reifung und Konflikt. Säuglingsforschung, Bindungstheorie und Mentalisierungskonzept in der tiefenpsychologischen Psychotherapie. Stuttgart (Klett-Cotta).

Kohut, H. (1976): Narzissmus. Eine Theorie der psychoanalytischen Behandlung narzisstischer Persönlichkeitsstörungen. Frankfurt/M. (Suhrkamp).

Kohut, H. (1981): Die Heilung des Selbst. Frankfurt/M. (Suhrkamp).

Kohut, H. (1993): Auf der Suche nach dem Selbst. München (Pfeiffer).

Kühl, S. (2011): Organisationen. Eine sehr kurze Einführung. Wiesbaden (VS).

Lammers, C.-H. (2015): Psychotherapie narzisstisch gestörter Patienten. Ein verhaltenstherapeutisch orientierter Ansatz. Stuttgart (Schattauer).

Lasatone, L. (2020): Seelengift, narzisstische Mütter und ihre Töchter. (Selbstverlag).

Lasch, C. (1986): Das Zeitalter des Narzissmus. München (dtv).

Leinemann, J. (2004): Höhenrausch: Die wirklichkeitsleere Welt der Politiker. München (Blessing).

Lichtenberg, J. D., F. M. Lachmann u. J. L. Fosshage (2000): Das Selbst und die motivationalen Systeme. Zu einer Theorie psychoanalytischer Technik. Frankfurt (Brandes & Apsel).

Lowen, A. (1984): Narzissmus. Die Verleugnung des wahren Selbst. München (Kösel).

Ludwig-Körner, C. (1991): Übertragung und Gegenübertragung in der Psychoanalyse, Gestalttherapie und Integrativen Therapie. *Integrative Therapie* 4: 466–489.

Lütz, M. u. O. F. Kernberg (2020): Was hilft Psychotherapie, Herr Kernberg? Erfahrungen eines berühmten Psychotherapeuten. Freiburg/Basel/Wien (Herder).

Mann, H. (2021): Der Untertan. Köln (Anaconda).

Maté, G. u. D. Maté (2023): Vom Mythos des Normalen. Wie unsere Gesellschaft uns krank macht und traumatisiert – Neue Wege zur Heilung. München (Kösel).

McBride, K. (2017): Werde ich jemals gut genug sein? Heilung für Töchter narzißtischer Mütter. Lichtenau/Westfalen (G. P. Probst), 2. Aufl.

Mentzos, S. (2009): Lehrbuch der Psychodynamik. Die Funktion der Dysfunktionalität psychischer Störungen. Göttingen (Vandenhoeck & Ruprecht).

Nerenz, K. (1997): Bemerkungen zur Geschichte des Gegenübertragungsbegriffs. *Psyche* 2: 143–155.

Nevicka, B. a. C. Sedikides (2021): Employee narcissism and promotability prospects. *J Pers* 89: 847–862. Verfügbar unter: https://doi.org/10.1111/jopy.12619 [12.9.2023].

Peichl, J. (2015): Narzisstische Verletzungen der Seele heilen. Das Zusammenspiel der inneren Selbstanteile. Stuttgart (J. G. Cotta'sche Buchhandlung).

Peichl, J. (2017): Warum es auch gut ist, Narzisst zu sein. München (Kösel).

Petermann, F. (1988): Zur Dynamik narzißtischer Beziehungsstruktur. *Gestalttherapie* 2: 31–41.

Petermann, F. (1992): Idealität, Narzissmus, Homosexualität. *Gestalttherapie* 1: 61–93.

Rauchfleisch, U. (2017): Narzissten sind auch nur Menschen: Wie wir mit ihnen klarkommen. Ostfildern (Patmos).

Real, T. (1999): Mir geht's doch gut. München (Scherz).

Reddemann, L. (2016): Mitgefühl, Trauma und Achtsamkeit in psychodynamischen Therapien. Göttingen/Bristol (Vandenhoeck & Ruprecht).

Rest, T. (2023): Pump up the Volume. Verfügbar unter: https://www.sueddeutsche.de/projekte/artikel/gesellschaft/jeff-bezos-mark-zuckerberg-elon-musk-koerper-fitness-ernaehrung-musklen-silicon-valley-e931902/ [4.9.2023].

Röhr, H.-P. (1999): Narzissmus – Das innere Gefängnis. Düsseldorf (Walter).

Sachse, R. (2002): Histrionische und Narzisstische Persönlichkeitsstörungen. Göttingen/Bern/Toronto/Seattle (Hogrefe).

Sachse, R. (2004): Selbstverliebt – aber richtig. Paradoxe Ratschläge für das Leben mit Narzißten. Stuttgart (Klett-Cotta).

Sachse, R., M. Sachse u. J. Fasbender (2011): Klärungsorientierte Psychotherapie der narzisstischen Persönlichkeitsstörung. Göttingen (Hogrefe).

Schade-Strohm, T. (2017): Werde zur besten Version deines Selbst. Aus der Verstimmung in die Bestimmung. Bielefeld (Kamphausen).

Schawinski, R. (2016): Ich bin der Allergrösste: warum Narzissten scheitern. Zürich/Berlin (Kein & Aber).

Schmidbauer, W. (2019): Die Geheimnisse der Kränkung und das Rätsel des Narzissmus. Seelische Verletzbarkeit in der Psychotherapie. Stuttgart (Klett-Cotta).

Schneck, C. (2012): Narzisstische Phänomene und Management. Coaching als Initial einer erfolgreichen Unternehmensevolution. Hamburg (Dr. Kovac).

Schore, A. N. (2007): Affektregulation und die Reorganisation des Selbst. Stuttgart (Klett-Cotta).

Simon, F. B. (2019): Anleitung zum Populismus: oder: Ergreifen Sie die Macht! Heidelberg (Carl-Auer).

Sommer, C. (2020): Die narzisstische Mutter: wie Sie der Narzisse die Macht entreißen, alte Wunden heilen und Ihr neues Leben selbst bestimmen. Leipzig (Amazon).

Staemmler, F.-M. (1989): »Etiketten sind für Flaschen, nicht für Menschen«. Anmerkungen zur Diagnostik-Diskussion. *Gestalttherapie* 1: 71–77.

Staemmler, F.-M. (2009): Das Geheimnis der Anderen – Empathie in der Psychotherapie. Wie Therapeuten und Klienten einander verstehen. Stuttgart (Klett-Cotta).

Staemmler, F.-M. (2020): Kränkungen: Verständnis und Bewältigung alltäglicher Tragödien. Stuttgart (Klett-Cotta), 3. Aufl.

Staemmler, F.-M. (2021): Resonanz und Mitgefühl: Wie Trost gelingt. Stuttgart (Klett-Cotta).

Steiner, J. (2006): Narzißtische Einbrüche: Sehen und Gesehenwerden. Stuttgart (Klett-Cotta).

Stern, D. N. (1991): Tagebuch eines Babys. München (Piper).

Stern, D. N. (1994): Mutter und Kind - Die erste Beziehung. Stuttgart (Klett-Cotta).

Stern, D. N. (2011): Ausdrucksformen der Vitalität. Die Erforschung dynamischen Erlebens in Psychotherapie, Entwicklungspsychologie und den Künsten. Frankfurt/M. (Brandes & Apsel).

Stracke, N. u. P. Sailer (2023): Positives Coaching. Wirkmechanismen auf Mitarbeiterbindung. Verfügbar unter: https://www.coaching-magazin.de/wissenschaft/positives-coaching [4.9.2023].

Symington, N. (2012): Narzissmus. Neue Erkenntnisse zur Überwindung psychischer Störungen. Gießen (Psychosozial), 4. Aufl.

Wardetzki, B. (2000): Weiblicher Narzissmus. München (Kösel).

Wardetzki, B. (2005): Kränkung am Arbeitsplatz. Strategien gegen Missachtung, Gerede und Mobbing. München (Kösel).

Wardetzki, B. (2010): Eitle Liebe. Wie narzisstische Beziehungen scheitern oder gelingen können. München (Kösel).

Wardetzki, B. (2012): Nimm's bitte nicht persönlich. Der gelassene Umgang mit Kränkungen. München (Kösel).

Wardetzki, B. (2015): Blender im Job: Vom klugen Umgang mit narzisstischen Chefs, Kollegen und Mitarbeitern. München (Scorpio).

Wildt, B. te u. T. Schiele (2023): Burn On: Immer kurz vorm Burn-out: Das unerkannte Leiden und was dagegen hilft. München (Droemer), aktual. Taschenbuchausgabe.

Willi, J. (1983): Die Zweierbeziehung. Reinbeck bei Hamburg (Rowohlt).

Wintels, A. (2000): Individualismus und Narzißmus. Analysen zur Zerstörung der Innenwelt. Mainz (Matthias-Grünewald).

Wirth, H.-J. (2002): Narzissmus und Macht. Zur Psychoanalyse seelischer Störungen in der Politik. Gießen (Psychosozial).

Wöller, W., M. Eberhard-Kaechele u. L. Reddemann (2013): Trauma und Persönlichkeitsstörungen: Ressourcenbasierte Psychodynamische Therapie (RPT) traumabedingter Persönlichkeitsstörungen. Stuttgart (Schattauer), 2., vollst. überarb. und erw. Aufl.

Über den Autor

KLAUS EIDENSCHINK, Diplom-Theologe; Organisationsberater, Coachingausbilder, Exekutive-Coach; Senior Coach im Deutschen Bundesverband Coaching e.V. (DBVC); Gründer und Beirat von HEPHAISTOS, Weiterbildungszentrum München; Gestalttherapeut DVG. Arbeitsschwerpunkte: Beratung und Coaching des Top-Managements von großen Konzernen und mittelständischen Unternehmen in Fragen der Konfliktbewältigung, Changemanagement und der Entwicklung von Vorstands- und Geschäftsführerteams; Coaching von Managern in komplexen Entscheidungssituationen. Veröffentlichungen u. a.: *Entscheidungen ohne Grund: Organisationen verstehen und beraten. Eine Metatheorie der Veränderung* (zus. mit U. Merkes, 2021), *Die Kunst des Konflikts* (3. Aufl. 2024), *Das Verunsicherungsbuch. Warum das Gute auch schlecht ist. Für Coaches und andere Mutige* (2025); *Die Praxis des Konflikts* (zusammen mit C. Egger und T. Rieder, 2026).